陕西省现代农业产业园

典|型|案|例

孙越赟 ◎ 主编

SHANXI SHENG
XIANDAI NONGYE CHANYEYUAN
DIANXING ANLI

中国农业出版社
北 京

图书在版编目（CIP）数据

陕西省现代农业产业园典型案例／孙越赟主编. —
北京：中国农业出版社，2023.10
ISBN 978-7-109-31218-0

Ⅰ.①陕⋯　Ⅱ.①孙⋯　Ⅲ.①现代农业－农业园区－
案例－陕西　Ⅳ.①F327.41

中国国家版本馆CIP数据核字（2023）第195187号

中国农业出版社出版

地址：北京市朝阳区麦子店街18号楼
邮编：100125
责任编辑：贾　彬　程　燕
版式设计：王　晨　　责任校对：吴丽婷　　责任印制：王　宏
印刷：中农印务有限公司
版次：2023年10月第1版
印次：2023年10月北京第1次印刷
发行：新华书店北京发行所
开本：700mm×1000mm　1/16
印张：12.25
字数：195千字
定价：98.00元

编　委　会

前言

　　乡村振兴，产业先行。产业兴旺，园区先行。2017年，中央1号文件提出："要以规模化种养基地为基础，依托农业产业化龙头企业带动，聚集现代生产要素，建设'生产＋加工＋科技'的现代农业产业园，发挥技术集成、产业融合、创业平台、核心辐射等功能作用。"现代农业产业园创建拉开了序幕。

　　近年来，陕西省委、省政府深入贯彻落实习近平总书记来陕视察时提出的扎实推进特色现代农业建设的指示精神，把现代农业产业园建设作为推进脱贫攻坚、乡村振兴的重要抓手，牢记姓农、务农、为农、兴农建园宗旨，强化政策保障，聚集现代生产要素，促进全产业链开发，着力将现代农业产业园打造为农业高质量发展引领区和乡村振兴先行区。截至2023年8月，陕西省共获批创建10个国家现代农业产业园，5个通过认定；创建74个省级现代农业产业园，认定40个；市、县级现代农业产业园建设持续推进，形成国家、省、市、县四级梯次推进格局。

　　各地把现代农业产业园作为乡村振兴的重要载体，探索形成了符合当地实际的好经验好做法，形成可复制、可借鉴、可推广的典型经验和建设模式。围绕产业引领、科技赋能、绿色发展、品牌带动、机制创新、三产融合6个方面，经广泛征集、逐级推荐、择优遴选，最终选出30个现代农业产业园建设典型案例汇编成《陕西省现代农业产业园典型案例》出版发行。案例涵盖种植、养殖19个产业，聚焦现代种养基地建设的农产品加工转化、农旅融合服务、特色品牌打造、绿色可持续发展、技术装备引领、社会化服务推进、农户利益联结等全产业链重点环节，突出运营模式和建设成效，充分展现各建设主体的实践成果。既有洛川县、眉县、陇县这些优秀的国家级现代农业产业园，也有宁强县、渭南市临渭区、延安市宝塔区南泥湾这些各具特色的省级现代农业产业园，同时还有渭南市、安康市两个典型的市级产业园创建经验。

案例各具特色，鲜活生动，我们衷心希望本书的出版能营造产业园建设主体互学互鉴、取长补短、协同发力的氛围，创新探索更多符合当地实际的现代产业发展新模式，助推乡村产业振兴。本书在征集整理过程中，得到了各市县的大力支持，在此一并表示感谢。书中如有不妥之处，敬请批评指正。

编　者

2023 年 9 月

目录

前言

产业引领篇

科技赋能篇

绿色发展篇

产业引领篇

CHANYE YINLING PIAN

全产业链发力 推动奶山羊产业高质量发展

陇县国家现代农业产业园

    陇县位于北纬34.56°，地处黄金奶源带，多年平均降水量572毫米、气温11.1℃、日照1910小时，是奶山羊最佳适生区。2020年，陇县以奶山羊为主导产业创建国家现代农业产业园，以建设"中国奶山羊优势聚集区"为契机，按照"科技引领、龙头带动、分户扩群、规模产奶、智能加工、园区承载"的思路，突出"一核二基地"（"一核"为羊乳产业核心功能区，"二基地"为健康养殖示范基地、优质饲草种植基地），培育打造三产融合、集约聚集的羊乳全产业链，推动了县域经济绿色高质量发展。

和氏102位转盘挤奶器

一、实施两大行动，实现倍增目标

（一）实施良种扩繁提升质量行动

集中精力、久久为功建设奶山羊自有良种体系，促进进口良种本地化。对进口奶山羊每只补贴6 000元，累计引进国外良种奶羊7 604只、冻精细管2.4万枚，国外引种规模全省第一。建成陕西和氏生物育种场、宝泰良种繁育场和24个人工授精站点，移植国内胚胎1 600枚。奶山羊平均日单产羊乳达2.2千克，高产核心群达到5.2万只。

（二）实施扩群增量夯实基础行动

新型经营主体持续壮大，奶山羊单产水平迅速提高，设施装备短板进一步补齐。全县已建成规模羊场184个（其中万只规模羊场3个、千只规模羊场29个），培育分户扩群户2 265户。规模养殖场标准化设施改造提升持续强化，累计铺设塑料羊床1.12万平方米，安装自动清粪机116台（套）、自动恒温饮水槽202组。在羊场建设上，推行"四统一"，即统一规划布局、统一建设标准、统一进行设计、统一检查验收，确保新建羊场规范达标。

二、聚力三个推动，激活发展动能

（一）推动培育龙头壮大升级

把龙头企业作为全产业链的关键节点，联通上下游、引领中高端。和氏乳业建成7万吨智能化婴幼儿羊奶粉生产线和特殊配方医学奶粉生产线、西北等级最高的检测检验中心，被认定为省级企业技术中心、高新技术企业、智能制造示范企业，推进IPO主板上市。飞鹤集团全资收购小羊妙可，完成了2万吨婴幼儿配方羊奶粉技术改造，装备水平和生产工艺达到国际先进水平。和氏、飞鹤均通过CNAS认可，入选中国羊乳加工企业20强。

（二）推动扩大开放创新驱动

利用中国农业科学院兰州兽医研究所基础研究及多学科综合优势，在上游创新方面寻找更多突破点，打通基础研究—应用研究—产业应用链条，共同解决"卡脖子"问题。促进关中奶山羊产业研究院在规模场转型升级、冷冻精液研制及产业化等重大技术研发上的突破，加快理顺研究院管理体制，力争成为"立足陇县、服务全省、带动全国、影响全球"的国际知名奶山羊产业研究机构。利用奶山羊大数据中心，加快信息化发展，发展智慧产业、数字产业。立足新发展阶段，集中优势资源，合力打造人才培养、科学研究、社会服务的高地。深化关中城市产业链协同创新，放眼县外布局羊场，积极参与国际国内大循环，在开放合作中不断提升产业链水平。

（三）推动搭建平台破解难题

健全奶山羊全产业链招商引资优惠政策，搭建投融资平台，设立羊乳产业链发展基金，创新丰富金融产品，为产业链发展提供金融信贷支持。设立综合服务平台，为投资者提供行政审批一站式服务。在企业和养殖户用地、水电路建设等方面优先予以保障，支持"链主"企业投资开发成片土地，优先保证产业链重点企业项目建设用地，助推羊乳产业高质量发展。

三、坚持"四化"路径，推动产业升级

（一）坚持养殖标准化发展

国家奶山羊标准化规模养殖示范区创建顺利通过国家标准委考核评估，制定莎能奶山羊品种、羔羊培育等国家和省市级标准7项，发布团体标准52项，建成标准化示范场63个。探索制定出了低成本、高效益适宜陇县县情的饲喂管理模式，全面推广堆粪棚、污水沉淀池、雨污分流等措施，病死畜禽全部进行无害化处理，确保药物残留不超标，实现零污染。

和氏中央厨房自动饲喂系统

（二）坚持畜草一体化发展

实施优质牧草新品种试验示范站、陕西峻成秸秆综合利用及优质牧草基地、陇县金田地5 000亩①优质苜蓿示范基地等重点建设项目，加快推进陇县20万亩优质饲草种植加工利用等一批饲草料基地配套发展建设项目，建成优质饲草基地10.99万亩，收贮青干草20.1万吨；建立饲用油菜、黑麦、燕麦、红豆草等新品种牧草试验示范田100亩；实施粮改饲项目，种植青贮玉米2万亩，新建及扩建青贮窖36户、2 076立方米，完成青贮饲草储备6万吨。

（三）坚持产业品牌化发展

着力打造"陇县生态乳都"品牌，申请"陇县生态乳都"（羊乳）地理标志认证，加快高端羊乳制品生产加工输出，保护奶山羊优势资源。重点塑造和氏、飞鹤两个享誉全国的羊乳品牌，支持龙头企业开发高端产品，组织乳品企业积极参加中国杨凌农业高新科技成果博览会、丝绸之路国际博览会（以下简称丝博会）、京津冀先进制造外资企业合作交流会，以及天津投资贸易洽谈会暨PECC博览会、中国国际农产品交易会。大力宣传推介陇县羊乳公共品牌，继续在宝汉凤翔段高速公路投放

---

① 亩为非法定计量单位，1亩≈667平方米。——编者注

生态乳都宣传广告牌；完成《陇县奶山羊崛起之路》纪录片拍摄，并在中央电视台农业农村频道多次播出；组织拍摄奶山羊产业发展形象展示片《生态乳都崛起陇州》；积极筹划第二届中国·关山国际奶山羊产业发展推进会，着力提升陇县羊乳品牌影响力。

（四）坚持融合链条化发展

和氏乳业特殊医学配方羊奶粉生产线建成投产；宝鸡大地有机肥厂继续提能扩产，生态有机肥总产能达到10万吨；和氏乳业集团接管关中奶山羊产业研究院，开展奶山羊遗传物质的生产推广、疫苗研发、人工授精性控繁育等七大课题研究。通过智能加工推动、科技创新引领、社会化服务保障，陇县羊乳全产业链迈上了协同创新、提质增效、蓬勃崛起的快车道。

四、着力五个围绕，协同全链联动

（一）围绕质量安全

2020年6月，国家市场监督管理总局在陇县举行国家级奶山羊规模养殖标准化示范区启动仪式。坚持"四个最严"，严把投入品使用、防疫检疫、饲养环境、交易运输四道关口，建成生鲜乳检验检测中心及疫病防控体系、品牌保护及质量安全追溯体系，全县生鲜乳菌落总数控制在50 000cfu/毫升以下，婴幼儿配方羊乳粉控制在800cfu/克以下，均高于国标和欧盟标准。2023年陇县成功创建成为国家级奶山羊布病净化示范区。

（二）围绕奶源建设

抢抓"双碳"机遇，引进3个农光互补万只羊场项目，推动原生态牧业收购绿能牧业、实施二期4万只羊场改扩建工程，宝盛、秦粤等一批万只规模羊场加快建设。积极推进与毗邻县共建奶山羊产业联盟，努力打造全省最大优质奶源基地。

（三）围绕延链强链

全链条配套饲草、饲料、养殖、加工、包材、物流等多元业态，建成关山尚品乳酸饮料加工厂、中粮包材奶粉罐生产线、优质牧草试验示范站、峻成智慧优质牧草基地、金田地优质苜蓿示范基地、大地10万吨有机肥厂，全产业链发展成为陇县奶山羊产业最鲜明的标志。

（四）围绕协同创新

建成奶山羊产业研究院、奶山羊养殖实训基地和奶山羊大数据平台。实施科技人才队伍建设项目，聘请西北农林科技大学、宝鸡职业技术学院等专家教授定期驻陇指导，并在陇县职业教育中心增设畜牧兽医专业、配套建成3个实验室。2020年和氏生态羊乳产业园创建为国家3A级旅游景区，以"关山烤羊""陇州羊肉泡"为代表的特色美食美名远扬。三产融合、全产业链发展成为陇县奶山羊产业高质量发展的蓝图。

（五）围绕政策体系

一是引进奶山羊专业技术推广的领军人物和专家团队，加大畜牧兽医和羊乳加工的专业人才招录，充实技术服务力量，加强技术培训，提高一线技术人员的科技水平。二是在科技研发投入方面，引进高层次人才，加大与科研院校合作，研发酸奶、液态奶等新产品，加大羊乳产品开发深度、产业链延伸，充分体现羊奶的营养、食疗保健的特点和优势。三是在疫病防控与生物安全方面，加强与中国科学院、中国农业科学院兰州兽医研究所合作，充分利用学科综合优势及学科资源，在奶山羊产业上游创新上寻找更多突破点，加快基础疫病防治疫苗开发，降低奶山羊发病率，减少淘汰率。四是相继出台了《陇县特色产业发展奖补政策》《陇县高质量推进招商引资工作十条措施》《陇县扶持奶山羊产业发展十条政策》《奶山羊差异化奶价奖补办法》，实施羊乳产业链"双倍增"计划，开展奶山羊"满槽满圈"行动等。支持现代农业产业园相关政策文件，对入园企业和科研单位从财税、金融、土地、用工等方面给予倾斜支持。

（闫柏平　刘兴忠　党彬州）

打造葡萄全产业链　助力乡村振兴
临渭区省级现代农业产业园

　　临渭区现代农业产业园以渭南葡萄产业园为核心，包括官道、官底、蔺店、下邽4个镇，总面积312平方千米，主导产业葡萄种植面积达13.8万亩，产值35.3亿元。产业园采取"管委会＋企业＋合作社＋农户"四位一体的组织方式，调动了各方的积极性，促进了葡萄产业规模扩张、融合发展，取得较好的经济、社会、生态效益，使临渭葡萄产业建设成为多业态、多主体、多机制、多要素、多模式的发展体系，为乡村振兴提供了典型模式。

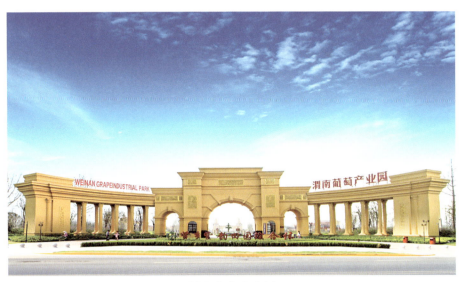

渭南葡萄产业园

近年来，园区按照"科技引领、技术示范、融合发展"的思路，不断提升基础设施，优化服务功能，构建以优质化、标准化、品牌化为特点的葡萄生产体系、葡萄加工体系、旅游观光体系，形成了"一核三带多园"（一核，指以渭南葡萄产业园为核心；三带，指县道314、219和省道201两侧优质的葡萄标准化种植区域带；多园，指临渭区葡萄省级现代农业示范区及周边辐射带动的园区，共同带动产业整体发展）的总体功能布局，已成为临渭产业发展一张亮丽的名片。先后建成"四纵三横"骨架路网、3 000亩高标准葡萄示范基地、2 000个品种的葡萄博览园、2万平方米智能玻璃温室、育苗工厂、鱼菜共生基地、农业智慧控制中心、万米葡萄长廊、三贤酒庄、冷链物流交易中心以及完善的水利设施和电力、通信保障等。园区年产葡萄8 000余吨，酿造葡萄果酒、酵素等400余吨，年接待游客达26万人次。园区获得中国葡萄之乡、中国果菜无公害十强区、中国优质水果十强区、国家葡萄产业技术体系综合示范基地、国家标准化果园、全国休闲农业与乡村旅游示范点、国家4A级景区、陕西省现代农业园区、陕西省农村一二三产融合示范园等荣誉称号。

三贤酒庄葡萄酒系列产品

一、打造可复制化机制，推动产业规模化

（一）打造示范园区，实现样板可复制化

通过"高效益可复制化样板"打造，带动周边种植户的积极性，为产业发展注入内生动力。在"可复制化样板"带动下，以园区2家国有企业为龙头，带动建成500亩以上的葡萄精品庄园20家，周边围绕家庭农场和专业合作社等。已建成以葡萄为主的园区10个、家庭农场30家，规模从50亩到上千亩不等，园区总面积达到1万亩，示范带动引领了产业发展。

（二）强化科技支撑，实现品质可复制化

按照"管委会+企业"的现代化园区运营管理模式，打造专业管理团队，培养职业化生产队伍，着力提升生产效率和果品质量，实现产品品质标准化。一是全区推广复制葡萄避雨等现代化设施，减少了雨水对葡萄的浸淋，园区葡萄生产设施栽培率达到70%。二是运用物联网技术将葡萄种植和信息技术相结合，对大棚葡萄生长过程中温度、湿度等环境数据进行全程统一采集与控管，通过种植管理系统大数据记录、分析和处理，实现葡萄生产品质的数据化、标准化和可复制化。

（三）强化帮扶培训，实现技术可复制化

充分发挥党员干部的先进模范作用，选调精兵强将组建驻村工作队，通过宣讲产业补助政策和葡萄产业发展前景、葡萄种植户成功案例等，鼓励带动有能力的农户发展葡萄产业。加强职业农民技能培训，通过一对一帮扶、手把手指导，让果农在田间实践中熟练掌握葡萄种植技术。定期组织果业发展中心和葡萄研究所等单位技术骨干，为果农提供技术培训，邀请行业权威专家现场授课指导，让果农复制和掌握最新的发展理念和成熟的技术要领。

二、应用物联网技术，推动产业智慧化

（一）建设智控中心，远程监控

葡萄产业园智控中心集互联网、移动互联网、云计算、人工智能和

农业大数据技术为一体，是实现对园区各种设施远程、可视化、智能管理的大数据控制中心。依托部署在葡萄园现场的各种传感节点和无线通信网络实现农业生产环境的智能感知、智能预警、大棚智能联动，对葡萄园实现信息化、数据化、可视化检测监控，例如监测葡萄园土壤水分、土壤温度、空气温度、空气湿度、光照强度、植物养分含量等参数。

（二）实现自动化联动，高效耕作

物联网智慧农业的应用帮助葡萄园种植户足不出户就可以通过 App 看到园区反馈回来的图像，对葡萄园进行远程实时监控。通过智能设施联动控制园区设施，自动进行灌溉、施肥、开棚等操作，实现葡萄园高效耕作。

（三）建立智慧平台，云上联动

帮助种植户可以通过手机 App 查看实时价格和未来几天的预测价格，将价格区域对比分析、了解不同区域的产品价格。价格趋势及价格预测对种植户进行葡萄销售有指导作用。消费者可以使用 App、微信或者小程序扫二维码进行溯源，既可追溯到葡萄从种植到消费购买时的所有环节实时信息，还可查看葡萄园田间记录等图像。

三、打造惠农样板，促进农民创富增收

（一）通过激励带动发展，推出惠农政策

以打造国家现代农业园区和国家一二三产业融合示范园为着力点，认真贯彻中央决策部署，落实农业产业优惠政策，整合产业项目资金，不断改善现代农业基础设施，激发群众发展葡萄产业的积极性。针对脱贫户发展葡萄产业每亩给予 1 000 元补助资金，对搭建葡萄避雨设施每亩给予 200 元补助资金，从而充分带动了周边农户的积极性，实现了与乡村振兴有效衔接。

（二）整合企业资源优势，串起惠农服务网

坚持"基在农业、惠在农村、利在农民"原则，以农民分享产业链

增值收益为核心，建设多业态打造、多主体参与、多机制联结、多要素发力、多模式推进的融合发展体系。通过招商引资，吸引多家涉农企业入驻园区，为葡萄产业发展提供全产业链式优质服务。为果农提供价格低廉、种质优良、植株纯化的葡萄苗木，提供专业配套作物技术，积极联系销售渠道。为果农供应正规、优质、高效的农资产品，并因户因地制订施肥方案。同时对果农购买农资费用由园区统一担保，待葡萄销售回款后统一进行结算。联系物流保鲜公司，为果农、客商提供便利的葡萄贮藏服务，保障错峰、错季销售，提高综合经济效益。

（三）树立绿色品牌理念，打造惠农产销链

"临渭葡萄"在2022年中国果品区域公用品牌价值榜中排名41位，品牌价值达25.77亿元，品牌效益日益扩大。园区发展注重品牌营销，实施品牌带动战略，成立了专家工作站、劳模创新工作室，聚集全产业链人才，弘扬劳模精神，发挥聚集效应，激活创新创优创业，打造临渭葡萄绿色生态无公害品牌形象。一是以工作室为载体，建立果品检验中心，主动入户宣传"好果好销、优果优价"理念，免费为低收入果农测土测药，提高果品品质。二是利用信息网络平台，实时发布产区果品情况、供销信息、价格信息等，畅通葡萄购销渠道。三是利用互联网电商平台，对接"一亩田""绿果网"等线上资源，结合区内传统渠道优势，联合顺丰、申通等物流保障，减少销售中间环节，最大程度增加农户收入。截至2022年底，共对接区域内果农1 000户，销售葡萄5 000余吨。

四、营造创新创业环境，推进农村高质量发展

（一）以创业带动就业

积极落实就业增收模式，以产业园周边为主，辐射带动全镇周边就业，形成良好的创业环境，扶持大学生、返乡农民工、退伍军人等实现创业，通过创业大赛和成果展览展示等活动，选拔培育一批创业创新标杆；为广大入孵企业提供场地租用、政务代理、融资支持、人员培训等系列服务，为企业快速成长提供良好的平台和环境。在2022年，产业园孵化基地累计孵化20多家企业，提供了370个就业岗位，期末在孵实体

提供了166个就业岗位，辐射带动周边7 000余户农户增收致富。

（二）以媒体引领营销

产业园通过短视频营销和直播带货等新媒体手段，抖音、快手、视频号等主流视频平台进行产品曝光和园区展示，单场活动网络曝光量超过2 500万人次。通过微商城和社群营销，把临渭葡萄推广到全国各地，同步带动了本地的物流和快递产业。

（三）以科技赋能产业

聘请葡萄产业体系内知名专家晁无极、张振文、段长青等，以及西北农林科技大学葡萄酒学院和经管学院的专家刘树文、郭安鹊等，为孵化的企业提供创业指导和技能培训，其中包括开展各种技术管理培训会，以及税务、法务、财务管理，市场营销等创业必备知识和技能的培训。

（四）以服务保障运营

建立健全信息共享、技术培训、销售指导、贷款支持等服务体系，帮助解决种植户在种植和生产中遇到的实际问题。调动社会资本、技术、人才等参与产业发展，将每个果农的利益同地方发展运营有机结合起来，发挥产业园在产业发展中的模范带头作用。加强品牌宣传，积极建设各类产品交易市场和销售平台，帮果农统购统销，解除其后顾之忧，实现增收。

（陈丽萍　王武威　李旭阳）

坚持绿色引领 打造链式发展桥头堡

平利县国家现代农业产业园

平利县始终把茶产业作为富民强县首位产业，按照"党委领导、政府引导、市场运作、群众主体、社会参与"原则，坚持五项引领，实施"四动"举措，推进三个创新，实现茶饮产业高质量发展，使平利县现代农业产业园走上标准化建园、规范化生产、品牌化经营的高质量发展之路。2022年批准创建国家现代农业产业园，坚持以产业园建设带动乡村产业振兴，探索出质量技术服务产业发展，带动乡村振兴的发展模式。

平利县龙头村标准化茶园

一、坚持五项引领，筑牢产业基石

（一）示范引领，推动高效发展

产业园茶产业基地面积17.5万亩（其中绞股蓝3万亩），年茶产品产量1.5万吨，农业总产值34.40亿元，主导产业产值26.5亿元，带动就业人数25 000人，常住居民人均可支配收入13 983元。产业园创建坚持"政府主导、市场运作、企业主体、农民受益"原则，按照"做优茶基地、做大茶龙头、做强茶科技、做靓茶品牌、做深茶文化、做活茶营销"总体思路，推进"一核一带五区"产业聚集区建设，组织实施六大类33个重点项目，建成投用清洁化茶叶加工厂75个，配套名优绿茶及陕炒青加工生产线75条、红茶加工生产线17条、黑茶加工生产线6条、绞股蓝加工生产线21条。

（二）龙头引领，推进集群发展

坚持以园区"承载集约发展、推进产业融合、强化示范引领、促进创业就业、增加农民收入"为目标，按照"强龙头、补链条、聚集群"产业发展思路，加快补齐产业短板，突出补链强链延链，壮大优势产业集群，产业园在高质量发展的道路上行稳致远，规模不断壮大。建设市级现代农业航母型园区4个，省、市级现代农业园区33个，建成茶文化创意体验中心3个、生态休闲茶庄园10个，建设茶研学基地5个，围绕农业公共服务提升、农业休闲园区及创新创业示范园建设，支持发展"茶旅+民宿""茶旅+研学"新型复合业态，形成了产业集中布局、资源集约利用、产业有机融合、发展特色鲜明的三产融合新发展格局，促进了富硒茶全产业链发展、全产业链升值。

（三）科技引领，创新驱动发展

建立省级专家工作站1个、市级专家工作站9个、县级专家工作站6个，富硒茯茶、绞股蓝研发中心2个，与中国农业科学院茶叶研究所、中国中医研究院、陕西师范大学、西北农林科技大学、西安交通大学、西北大学签订技术服务协议，确定6项重大科研攻关课题，引进聘用知名茶专家20余名，研发红茶、黑茶、绞股蓝新产品20余种，获得科技进步奖2项，为产业园提供强有力的技术支撑；建立老县镇蒋家坪村凤凰茶叶示范园"5G＋智慧茶园"模式。建成农业信息化平台1处，安置全要素气候观测站2个、小型气候观测站13个，使茶园单产提高20％以上，亩均产值增加1 500元。

（四）品牌引领，聚力赋能发展

大力实施科技、质量、品牌兴农战略，发挥区域富硒资源优势，打造有机富硒品牌，初步形成以"平利绞股蓝""平利女娲茶"等为代表的知名品牌，"平利绞股蓝"和"平利女娲茶"获得国家地理标志保护产品认证，"平利女娲茶"经中国品牌建设促进会审定区域品牌价值达22.58亿元。平利被列为安康秦汉古茶恢复创新基地、中国茶业百强县。成功举办5·21"国际茶日"系列茶事活动，组织企业参加国内大型展会20余场次，4家茶企斩获第七届亚太茶茗大奖，3家茶企获得"中茶杯"茶王赛金奖。

平利县龙头村茶叶基地

（五）政策引领，支撑高质发展

研究制定《平利县2023年富硒特色产业提质增效奖扶办法》《平利县首位产业招商引资十条扶持政策》《茶产业链链长制工作方案》《抓党建促富硒茶产业链发展二十条措施》，指导33个重点项目细化奖补资金折股量化方案，与村集体经济组织和农民建立利益联结机制，未触碰中央财政资金"五不得"红线。同时，加强项目实施主体、责任部门、职能部门之间的沟通衔接，积极解决产业园建设人财地供应、基础设施配套、项目报备审批、金融信贷服务等供需矛盾。

二、实施"四动"举措，加快转型升级

（一）整体联动

为了确保产业园建设工作高效推进，成立了县委书记、县长任组长，相关县领导任副组长，产业园各镇、各有关部门主要负责同志为成员的现代农业产业园创建工作领导小组，下设产业园创建领导小组办公室，负责产业园方案制定、政策落实、统筹推进等工作；抽调专人组建成立了产业园管理委员会，负责项目落地、任务落实、业务指导、巡回督导等工作；制定下发了《平利县农业产业园创建重点项目"一对一"督帮工作方案》，强化工作责任落实，为产业园重点项目建设营造良好环境；落实部门包抓重点指标、重点项目工作机制，成立工作专班20个，明确一名领导负责、一名干部主抓，制定任务行动方案，做到事事有着落、阶段有进度、质量有保证，确保创建工作组织有力、推进有序、氛围浓厚。

（二）市场拉动

产业园区基础在产业，核心在效益。一直以来，平利县牢牢抓住品牌建设和开拓市场两大关键环节不放松，确保产业提质增效。"平利女娲茶"成功入选中国品牌榜，品牌价值达22.58亿元，"平利绞股蓝"获得中国驰名商标，并荣获陕西省特色农产品优势区认定，平利女娲茶、平利绞股蓝依次入选2022年第一批、第二批全国名特优新农产品名录，荣获人民网最受网民喜爱奖。平利县先后荣获中国名茶之乡、中国茶业百强县荣誉称号。

另外，平利县紧盯"一带一路"拓市场，在县外大中城市开设茶叶体验店15个、专营店4个、代销网点82个，发展电商微商企业36家，建立电商交易平台20余个，组建专业运营团队6个，培育专业销售人才100余人，茶产品线上交易额达2.5亿元以上；培育茶叶出口企业8家，出口茶产品2 700余万元；长安仿唐街茶叶交易市场建成投用，平利县城南茶叶交易市场功能提升项目完成服务中心建设，街区改造正加快推进中。产业园整体呈现出品牌提质赋能、产品产销两旺、产业质效双优的良好势头。

（三）项目撬动

产业园创建涉及六大类33个重点项目建设，包括产业基地建设项目2个、加工装备提升项目11个、科技创新研发项目5个、社会化服务和保障体系项目3个、公共品牌宣传项目1个、茶旅融合发展项目5个、市场营销项目6个。在个别项目实施上，推行县、镇、村三级联动模式，由镇负责征收建设用地，县经济技术开发区和相关村集体经济出资建设标准化厂房，农业部门组织招引产业园建设主体入驻经营，形成产业要素聚集、县镇村三级联建、共同受益的经济实体，加快推进产业园创建、减轻入驻企业资产性投资、实现三方共赢。

（四）考核推动

对现代农业产业园建设实行月督查、季通报、年考核。把产业园建设纳入相关部门、项目镇的年度考核，县领导小组定期督导检查、定期组织对产业园建设进行成效评估，以此层层传导压力，逐级夯实责任，确保建设任务按期完成。强化对企业考核，把重点项目建设纳入市场经营主体重要考核内容，将任务完成情况及考核结果向社会公开，接受社会监督，做到建设成效与财政支持项目挂钩，与金融扶持政策挂钩，激励市场主体主动加快产业园建设，确保产业园建设达标达效。

三、推进三个创新，聚合发展动力

（一）联农带农模式不断创新

产业园共吸纳入园经营主体193家，其中龙头企业50家、农民专业合作社105家、家庭农场38家，培育种植大户357个，形成以企业为龙头、园区为载体、专业合作社为纽带、家庭农场为补充的新型农业经营体系。建立"龙头企业＋园区＋农户"发展模式、"公司＋合作社＋农户"股份合作经营模式、订单农业利益联结模式、工商企业联农带农联结方式，支持形成"基地带动、入股分红、订单收购、技术培训、就业务工"五种联农带农增收方式。把企业、村集体经济、农户联结在茶产业链条上，实现共同收益、分享红利。产业园带动25 000余人就近就业，增收致富，常住居民人均可支配收入13 983元，同比增长7.7%，位居安康全市前列。

（二）标准体系不断完善创新

进一步完善制定《平利女娲茶地理保护产品标准》《平利绞股蓝地理保护产品标准》，指导龙头企业制定产品企业标准21个。实施"三品一标"提升行动，大力推行绿色生产模式，深入开展化肥农药减量增效行动，采取改土、改水、改树、改园、改肥，病虫害防治等综合管理技术措施，指导农户施用有机肥5万吨，提质增效老劣茶园3.5万亩，抚育管理幼龄茶园2万亩；实施茶网蝽防治20 000亩，委托农业农村部乳品质量监督检验测试中心对70家经营主体5.8万亩茶园启动绿色认证，助力全县茶产业高质量发展。

（三）茶旅融合发展不断创新

以安平高速、国道G346沿线美丽乡村示范带为重点，精心打造"茶园风情游、巴山风光游、人文景观游"精品旅游线路，建成长安高峰、中坝，城关三里垭、龙头，大贵儒林堡，老县蒋家坪，洛河安坝、丰坝等一批观光茶园，培育一条起于老县镇蒋家坪村，途径三里垭贡茶新村、马盘山生态观光园、龙头茶旅新村、长安硒茶小镇的百里生态产业示范带，打造集品茗休闲、农事体验于一体的"古茶之源安康秦汉古茶美丽乡村游"旅游线路。认定长安硒茶小镇、马盘山农业生态观光园、龙头茶旅新村、蒋家坪现代农业示范园等3A级茶旅游景区4处，三里垭贡茶新村入选全国美丽乡村示范村，老县镇蒋家坪村2022年被评为中国美丽休闲乡村。坚持"茶园与观光相结合、茶庄与农家乐相结合"的发展思路，以地域文化为引领、特色产业为主线、融合发展为目标，实施茶旅融合提升行动，在城关、长安、老县、八仙、广佛等镇打造茶旅特色小镇、茶旅精品线路、茶旅融合园区，构建"茶旅+民宿""茶旅+研学"等新型复合业态，建设茶文化创意体验中心3个、生态休闲茶庄园10个、茶研学基地5个。以茶为媒深入推进茶旅融合发展，以旅促茶提高茶产业综合效益。

（吴风华　陈林海　姜莉）

坚持特色产业主导　推进农业产业升级

合阳县省级现代农业产业园

合阳县现代农业产业园位于合阳县县城区及中部塬区，包括城关街道办事处、坊镇、新池镇三个行政镇域（街道），规划区域总面积13万亩。合阳县立足资源禀赋和产业基础，以省级农业产业园项目实施为契机，以市场需求为导向，以转变农业发展方式为主线，大力提升红提葡萄产业水平，将现代农业产业园的建设与脱贫攻坚、乡村振兴工作有效衔接，坚持农业产业优先发展，大力发展特色产业。2022年底，产业园总产值达到15.1亿元，其中主导产业实现产值11.32亿元。合阳县通过实施十大提升工程，全面提升红提葡萄产业水平，达到产业规模化、设施标准化、园区公园化、管理现代化，加快一二三产业融合发展，延伸产业链条。打造知名品牌，探索出一条科技赋能产业园引领县域产业发展的新路子。

丰阜核心区设施冷棚

一、抓提质增效，夯实产业基础

坚持将现代农业产业园建成现代农业要素加速集成应用的主阵地，将农机装备与农艺技术深度融合，不断提升合阳红提葡萄的种植效益。

（一）设施配套智能化

围绕红提葡萄产业发展，大力推行避雨棚、设施冷棚、连体大棚、日光温室、智能温室等现代科学栽培模式，自动卷帘机、水肥一体化智能灌溉系统、实时图像与视频监控系统、气象和土壤环境监测系统、农作物病虫害监测预警系统在红提葡萄生产中得到应用，初步实现远程监测和自动化操控。

（二）栽培管理科技化

示范推广V形架栽培、膜下滴灌、黑膜覆盖、水肥一体化、病虫害绿色防控、有机肥替代化肥、葡萄轻简化栽培等生产关键技术，不断引进新品种、新技术，提升新品种、新技术应用率。全县推进应用葡萄新品种20余个，技术普及率和葡萄优果率均达90%以上。2021年，南沟村葡萄示范户秦世新创下1.8亩葡萄收入8.7万元的记录；2022年1.8亩葡萄收入近14万元，较上年净增5万多元。

（三）生产环节绿色化

产业园内开展"五治一品"工程，全面推行"一控两减三基本"技术，推广生态农业"六不用"（不用农药、化肥、农膜、除草剂、人工合成激素与转基因种子）技术，建立生产标准化、经营品牌化、质量可追溯、农业绿色、低碳、循环可持续发展长效机制。新池镇南沟社区已栽植"六不用"红提500亩，同时以地力培肥、土壤改良、养分平衡、质量修复为主要内容，提升土壤肥力，改造中低产田，加强耕地质量建设。区域内的老树果园改造、修剪枝条、废弃秸秆的再回收，通过粉碎，每年可对1 500吨废弃有机物进行再利用，制作有机肥，增加农民收入。

二、抓科技服务，强化技术支撑

先后与中国农学会葡萄分会、刘俊院士工作站、河南郑州果树研究所、陕西科技大学农产品加工研究所等签订合作协议。与西北农林科技大学积极创新校地合作模式，探索建立了"三团两站一队"（书记帮镇特派团、专家教授特派团、研究生特派团，院士专家工作站、产业发展示范站，乡土人才服务队）新模式和"双建双推"（校县双方共建研发中心、共建示范基地，推广现代科技、推动品牌建设）共建机制。学校20名二级党委书记、168名专家教授、148名优秀博硕士研究生与148名技术骨干密切协同，形成了县级主抓、镇村联动、县校协作、新型经营主体和高素质农民积极参与的共建氛围。同时，形成了"技术研发中心＋技术转化服务站＋专家＋科技基地""6+16"（5个研发中心、1个专家工作站，16个产学研一体化现代农业技术服务站）的科技支撑模式。2021年，产业园共开展实用技术及职业农民培训300场次，培训群众3万人次，发放各类技术手册、技术资料5.4万份。

添缘核心区连栋大棚

三、抓融合发展，增加产品附加值

（一）加快完善产地冷藏保鲜设施

积极实施农产品产地冷藏保鲜设施建设项目，解决农产品流通出村"最初一公里"问题，提升农产品产地初加工处理能力，2020年、2021年甘井麻阳社区股份经济合作社、富源红提葡萄专业合作社、三木家庭农场等19家新型农业经营主体新增冷库可储存农产品1.14万吨，有效调剂了当季的销售压力，延长了产品的货架期。

（二）不断提升精深加工能力

依托省级农产品加工示范园优势，添缘农业公司引进果品精深加工生产线，通过冷冻干燥、真空脉动、果品干燥等形式生产各类果干产品，年可生产葡萄干2 000千克、苹果果脯3 000千克；西北农林科技大学葡萄试验示范站年酿酒能力达60吨；全县建成并投产农产品加工及物流企业17家，产地初加工处理能力达到70%以上，延长了产业链条，增加了农产品附加值。

（三）积极推进农旅融合发展

城关街道办丰阜园区、添缘园区紧扣城市近郊的区位优势，进一步完善功能配套，积极发展采摘体验、休闲观光、科普教育，打造带贫增收的致富园、市民休闲的后花园、学生实践的科普园。

四、抓品牌塑造，提升产品竞争力

产业园建立健全农产品质量安全标准体系，坚持"从农田到餐桌"全过程监管，丰阜现代农业园区、添缘现代农业园区、富源现代农业园区全面实施农产品质量安全可追溯体系建设，产业园内的农产品抽检合格率达100%。

合阳县高度重视品牌塑造，持续推动"合阳红提""中国红提之乡"等品牌建设。全县葡萄产业获得"三品一标"19个，认证绿色农产品、有机农产品基地5.2万亩，无公害农产品基地10万亩。合阳红提葡萄荣获省部级以上奖项10金4银4优，全国最受消费者喜爱农产品奖，陕西省风味最佳、果穗最美金奖；合阳县荣获中国红提之乡、陕西省优质无公害红地球葡萄基地县、陕西省红提葡萄规模栽植示范县等称号；"合阳红提"获省级农产品区域公用品牌称号。2022年，"合阳红提"跻身葡萄区域公用品牌20强、品牌价值达11.88亿元。合阳多渠道宣传营销，连续成功举办了七届红提葡萄文化艺术节，积极参加丝博会、农交会、农高会等全国大型果品推介会、促销会。合阳红提因"狂摔不碎""狂甩不掉"于2018年两次登上央视（CCTV-2、CCTV-7）。"紫霞鲜子""硕丰圆""果农人""村里村外""古道御品"等产品品牌入选2022年省级农业品牌目录。

五、抓主体培育，增强示范带动

产业园按照"抓点示范、以点带面"的产业发展思路，通过村党支部、村股份经济合作社和新型农业经营主体示范引领，组织成员统一规划、统一建园、统一经营，引导群众发展壮大葡萄产业。产业园有从事红提葡萄种植、销售的新型农业经营主体20家，其中省级合作社4家、市级合作社2家，社员达到2 000余人，年销售红提12万吨，带动农民5 000人。同时，加大招商引资力度，先后招引陕西农垦集团、韩塬牧业有限责任公司、合同兴电子商务等10家企业从事葡萄产业发展，示范带动1 200户群众发展红提葡萄3 000亩。涌现出了新池镇南沟社区富源红提葡萄专业合作社、添缘现代农业公司、坊镇坊西村等农村创新创业典型，探索建立了"合作社+""龙头企业+""抱团+"三种紧密型利益联结机制，有效推动了县域葡萄产业快速发展。

六、抓销售渠道，强化销售网络

充分发挥国家电子商务进农村示范县建设的示范引领作用，加大新型农业经营主体和电商企业培育力度，不断拓宽合阳红提等果品销售渠道。全县共培育农产品销售经营专业合作社160家、电商企业52家，其中国家级示范社4家、省级示范社16家。先后与北京永辉超市、满洲里口岸森富国际物流中心、沈阳市八家子水果批发市场、福建泉州天宝果业公司、云南鲜想你农业发展公司、厦门两岸农产品贸易公司等30余家企业签订定向销售合同，确保葡萄优价顺畅销售。

七、抓政策引导，提升发展动能

合阳县委、县政府高度重视产业园的创建工作，从组织、政策、资金等方面给予有力支持，成立了合阳县省级现代农业产业园创建工作领导小组，将合阳县现代农业产业园的建设与脱贫攻坚、乡村振兴工作相结合，先后出台多个重要文件，不断加强对特色主导产业的支持。脱贫户新栽植红提葡萄每亩补助1 000元，脱贫户新建日光温室每栋补助10 000元、新建设施冷棚每亩补助2 500元、新建红提避雨设施每亩补助1 000元。近几年，累计投入资金5.86亿元，用于优果基地、苗木补贴、新技术推广、设施应用、基础设施改善、果品包装、电子商务等方面建设，助推红提葡萄产业化、生态化、园林化、集群化发展。

（王敏侠　管艳宁　孙萍莉）

小辣椒助农增收　大产业红火发展

勉县省级现代农业产业园

　　勉县现代农业产业园主导产业为辣椒，产业园以县城东部周家山镇循环经济产业园区、同沟寺镇金丰村为产业园区核心区；规划区域总面积952.36平方千米，其中辣椒产业总占地3.14万亩。自2021年获批创建省级现代农业产业园以来，紧紧围绕辣椒产业，以辣椒产业扩量、提档升级为主线，以打造现代农业要素聚集的"生产＋加工＋营销＋科技"完整的生产体系为导向，全面高标准打造、高起点建设，具有生产功能突出、产业特色鲜明、要素高度聚集、设施装备先进、生产方式绿色、经济效益显著、辐射带动有力的区域现代农业发展先行区和乡村产业兴旺引领区。

勉县辣椒收储加工车间

一、精准选择，引进扶贫产业

（一）产业引进势在必行

2018年正直脱贫攻坚的关键时期，为加快勉县脱贫攻坚事业发展，提高贫困户的收入，急需引进一些带贫增收明显、见效快的特色产业。通过多方考量，辣椒作为一项低成本、易管护、见效快的特色产业，其在各方面的优势逐步凸显。经过对国内辣椒产业发展进行调研，四川省广泛栽植的二荆条品种辣椒最为合适，同年引进试种后，取得了成功，且无论是产量还是品质均符合要求。

（二）多方努力共同推动

为加快产业发展步伐，县委、县政府在充分调研的基础上，与成都靓马调味品有限公司、四川省九曲水生态农业科技有限公司两家辣椒生产加工企业签订了协议，正式合作发展辣椒产业。按照政府引导、企业带动、订单种植、保底收购、本地加工的方式，通过建立"企业+集体经济合作社+农户"的利益联结模式，由企业负责提供种子、肥料、技术培训及辣椒收购，县农业主管部门负责制定支持政策、技术指导，镇办负责宣传动员、落实面积，在全县17个镇办推广、发展辣椒产业。自省级现代农业产业园创建以来，截至2022年底，年辣椒实际种植面积均保持在3万亩以上，带动2.5万户农户通过从事辣椒种植实现增收，辣椒产业已成为勉县特色产业之一。

二、政企联合，助推落地生根

（一）产业推广技术先行

二荆条辣椒非常适合勉县本地气候，其果实呈长角形，深红油亮，为中早熟品种，对病毒病、疫病、炭疽病、枯萎病及落花落果等有较强抗性，辣椒生长旺盛，产量有保障。为确保农户掌握栽植技术，县、镇、村及企业抽调了技术人员，紧紧围绕育苗、移栽、收获三个关键时期，在田间地头开展辣椒种植技术培训。经统计，每年共举办辣椒专项现场培训800余场，年发放技术要点资料2万余份，使农户能深刻掌握栽植技术。

（二）实践创新提高效益

勉县结合实际，探索出一套属于勉县的栽培技术要点，促进了勉县辣椒实现了三个飞越：一是改变了辣椒育苗技术，由原两层覆膜育苗改变为三层覆膜育苗，使全县辣椒育苗时间提早了近两个月；二是改变了辣椒传统移栽方式方法，由原来露地移栽改变为覆膜移栽，保水保肥保温效果好；三是引进了优良品种，提高了单产，亩产由原来的1 000千克，提高到现在的2 250千克，最高可达到3 000千克以上。

三、链条延伸，实现二产三产

（一）环境造就产业优势

勉县适时引进二荆条辣椒，二荆条辣椒是四川省成都市双流地区最具地方特色的经济作物之一，获得地理标志产品称号。以二荆条辣椒为主生产的郫县豆瓣酱，具有辣味重、鲜红油润、辣椒块大、回味香甜的特点，是川味食谱中常用的调味佳品，有"川菜之魂"之称，也是中国地理标志产品，其制作技艺被列入第二批国家级非物质文化遗产名录。郫县豆瓣在选材与工艺上独树一帜，与众不同，香味醇厚却未加一点香料，色泽油润，全靠精细的加工技术和原料的优良而达到色、香、味俱佳的标准。勉县地处秦岭以南、巴山以北，独特的地理环境、气候特点，使得勉县栽植的二荆条辣椒质量上乘，因此吸引了两家辣椒企业在勉县投资办厂，就近开展辣椒加工产业。

（二）辣椒加工已经投产

勉县原味生态农业科技有限公司依托勉县周家山循环经济产业聚集区食品功能区成熟的基础设施条件，采用了政府修建、企业租赁的形式，租赁了生产厂房，企业投入自动化生产、产品检测等设备，已经开展现代生产工艺和传统郫县豆瓣酱非遗制作工艺相结合的辣椒酱生产加工，年加工辣椒量可达1万吨，同步配套建设了日处理达200立方米污水的处理站，现已经安装到位。目前辣椒深加工生产线已全部完成建设，正式投产。汉中蜀丰源农业科技有限公司在勉县同沟寺镇建设的辣椒加工厂也已经完工，已投入使用。

（三）发展"三产"扩大影响

辣椒制品、调味品实现加工后，勉县原味生态农业科技有限公司、汉中蜀丰源农业科技有限公司分别利用自身优势，开拓了"三产"。汉中蜀丰源农业科技有限公司，在勉县热门地段投资开设了一家"靓马传奇"火锅店，既可让本地人品尝到本地辣椒生产的火锅，又是"靓马"品牌火锅底料等调味料营销的旗舰店。勉县原味生态农业科技有限公司在新铺镇余家沟村、茶店镇七里沟村等辣椒种植基地，利用母公司在四川的优势，引进了金宝李产业，协助2个村建设了2个金宝李采摘园，自2022年挂果以来，慕名前来采摘的游客络绎不绝，金宝李鲜果根本没有进入冷库的机会，就早早被销售一空。

四、政策助力，保障各方利益

（一）政策支持力度不减

省级现代农业产业园建立以来，在产业园的统一组织、资源统一配置、政府支持、企业主体统一标准的共同作用下，逐步整合了全县辣椒产业发展资源，逐渐形成了大园带小园，小园带农户的良好发展格局。县政府每年拿出不低于500万元的产业扶持资金，直接投向辣椒产业基地，通过发放种苗物资的方式，减轻了农户种植成本，增强了农户种植辣椒的积极性，保证了种植面积。通过县级涉农整合资金、苏陕协作资金、国铁帮扶资金等各类扶持资金的投入，辣椒种植基地的基础设施得到不断完善。

（二）收购服务进镇下村

汉中蜀丰源农业科技有限公司、勉县原味生态农业科技公司分别在同沟寺、新铺、阜川、温泉、茶店等镇设立辣椒收购点24个，青椒每千克收购价格不低于2元，红椒每千克不低于2.4元。每年8月中旬开始全面收购，持续到10月初结束。两家辣椒企业积极履行社会职责，确保了农户的种植利益，保证了产业效益。

（三）培育壮大经营主体

勉县农业农村局已将汉中蜀丰源农业科技有限公司、勉县原味生态农业科技公司两家公司纳入农业产业化重点龙头企业培育对象。2022年勉县原味生态农业科技公司成功申报了汉中市市级农业产业化龙头企业，汉中蜀丰源农业科技有限公司将于2024年推荐申报。

五、品牌驱动，引领未来发展

为了打造勉县优质农产品特色品牌，县委、县政府已经批准由县乡村振兴服务公司牵头，重点打造本地优质特色农产品品牌"沔水春"。经过一年的筹备，"沔水春"成功在茶区开创了茶叶产业品牌，同时进一步拓展延伸至其他优质农产品，包括辣椒初加工、精深加工制品。今后，将重点进行宣传、打造特色农产品"沔水春"品牌，以品牌带动提升勉县优质农产品的竞争力。

（金大强　焦旸　杨茸）

科技赋能篇

KEJI FUNENG PIAN

科技创新赋能　助推产业融合发展

洛川县国家现代农业产业园

　　洛川县国家现代农业产业园位于洛川县北部塬区，规划区域总面积860平方千米，苹果种植面积20.8万亩，占全县苹果面积的39.25%，总产量34万吨，占全县苹果总产量的32.12%。自创建以来，围绕苹果主导产业，全面集成聚集现代果业发展要素，以科技创新为引领加快苹果产业转型升级，努力将产业园打造成为引领中国苹果产业转型、驱动现代苹果产业发展、深化农业农村改革的新载体，有力实现了一二三产业融合发展。

国家级洛川苹果科技创新园

一、做深科研，抢占世界苹果产业发展高地

（一）建立科创中心

建立洛川国家苹果产业科技创新中心，打造我国苹果产业与国际对接的国家级科技研发平台，建成欧洲园、亚洲园、美洲园、洛川园等世界苹果栽培技术展示园1 000亩，栽植品种260多个，配备智能化节水灌溉设施、沼液智能化管道输送、物联网智能化气象监测，配备无人喷药机、果园割草机、采摘机、施肥机、自动化防雹网；建成保存600多份、占地面积500亩的世界最大的苹果选种场，建成保存3 500份、占地面积500亩的世界上最大的种质资源圃。

（二）建设院士专家工作站

聘请中国工程院院士康振生、束怀瑞、李德发等分别成立苹果绿色技术防控新型栽培制度、生猪养殖等全产业链研发的院士工作站。聘请美国康奈尔大学教授罗宾逊、程来亮为洛川苹果产业发展顾问，专门指导矮化转型体系。工作站研究健康栽培、健康土壤、健康产品、精深加工、循环利用等，开展苹果矮化栽培技术，并且对不同新品种进行对比试验，开展苹果新品种杂交育种、肥水一体化智能化试验、苹果有机栽培，进行苹果不套袋、不人工疏花疏果、全机械化作业等研究。培育出秦脆、秦蜜等苹果新品种，申报专利1项；自主研发出苹果冰酒系列产品，并顺利通过中试，为延伸洛川苹果产业链条、增加产品附加值起到了很好的示范引领作用。

（三）建立洛川苹果试验站

与西北农林科技大学合作在洛川建立西北农林科技大学延安市洛川苹果试验站，开展杂交育种、品种试验展示、树形研究展示、肥水高效利用、优质高效栽培、砧穗组合比较、大苗繁育建园、果业气象等试验示范，杂交后代3万余个、试验新品种优系85个、砧木21个，开展科研攻关20余项。试验站创新实现了乔化富士2年结果、营养钵大苗当年结果技术；树立了大苗建园6年亩产3 000千克示范；研究创新旱地果园

"肥水一体化"高效利用技术，肥料利用率提高26%以上。建设示范园2万余亩，培训1 000余场次、10余万人次，接待参观、考察300余场次、1万余人次，辐射推广100余万亩，经济效益增加5亿元以上。

二、做强一产，实现绿色优质高效生产

（一）推行新型矮化栽培模式

通过"以奖代补"的办法支持龙头企业在产业园核心区域用矮化自根砧优质品种大苗建园，配套架设立杆、节水灌溉，建成了苹果大观园、苹果第一村、京兆万亩观光长廊等矮砧新型栽培模式果园6.25万亩，带动全县建成矮化果园14.6万多亩，实现了当年建园当年挂果，极大地缩短了建园周期。以农村"三变"改革为着力点，成功破解当前果业单家小生产与社会化大生产不相适应的难题，探索出了散户经营向集约化栽培模式迈进的道路，推动洛川苹果产业向矮密化、精准化、省力化和高效化转变，为新时期果业规模化经营奠定了坚实基础。

（二）提升乔化果园标准化水平

以建设国家级标准园为目标，采取果园间伐、配套有机肥、完善田间道路、配套节水灌溉设施、装备现代化机械、开展测土配方施肥、实施精准化管理、建设物联网智能化果园及集成现代化技术应用等措施，全面提升乔化果园栽培技术水平。截全2022年，产业园14.55万亩乔化果园标准化管理水平大幅提升，引领全县38.76万亩乔化果园管理水平整体提升，配套节水灌溉2万多亩，建设物联网智慧果园3 500亩，配套弥雾机、割草机、升降机等各类现代化果园机械4 300台（架），农户生产环节机械作业率达100%，亩均节约500元，增收9 000万元，提升了果业现代化装备水平，提高了劳动效率，增强了产业核心竞争力。在中央电视台农业栏目组采访中，交口河镇京兆村果农吴喜娃高兴地说："以前每年最少要进行三次果园除草工作，主要以拖拉机旋耕为主，破坏了果树根系，造成水分流失。如今，果园除草以割草机为主，这样既减轻了劳动量，还增加了果园的有机质，减少了水分的流失，产业园果园经割草覆盖后有机质提升约0.5%。"

（三）普及绿色化果品生产

绿色安全是苹果产业发展的生命线。产业园创建以全面普及物理、生物防治为措施，采取"一控两减"举措，普及灯板带生物物理防治，消灭面源污染。以建立"果畜循环"为手段，采用"公司+基地+农户"模式，在洛河峡谷打造肉羊养殖基地，建成水渭益果生态肥业、农绿源牧业、福源牧业等有机肥加工厂6家，年加工有机肥15万吨，提供充足的有机肥源，推进绿色循环发展，实现种养结合。采用果、草、畜、沼、水"五配套"生态循环果园模式在绿佳源、明景等企业建设示范果园2 000多亩。推广"大型养殖场与散户对接"循环模式，引资新希望本香集团等大型企业建成万头大型养殖基地，配套建设大型有机肥发酵设施、肥水智能一体设施，对接105户果农，440亩基地果园实施沼液沼肥输送。围绕美丽乡村建设，实施改厕改圈工程，建设户用沼气池。全县整县通过国家绿色食品（苹果）原料生产示范基地认证，通过国家有机基地认证12.88万亩，2022年产业园苹果平均售价较周边每千克高出2元。

三、做大二产，打造加工企业集群聚集

（一）打造初加工集群

果品初加工是有效提升苹果鲜果营销附加值的关键环节，产业园以国家级洛川苹果批发市场为核心，采取"折股量化"的方式，支持企业新建冷（气调）库4万吨，使产业园苹果冷（气调）库总贮量达41.5万吨，占全县总贮量的61.7%，实现了产业园区域内鲜果冷藏能力达100%。引进4.0智能选果线22条，占全县选果线的61.1%，分选能力从150吨/小时增加到230吨/小时，对果品进行严格的大小、色泽、霉心病、瑕疵等的等级筛选，实现洛川苹果"论个卖、上户口、带皮吃"的品牌化销售，每千克苹果较分选前增收0.6～0.8元，真正让好苹果卖上了好价钱，极大地带动全县初加工产业的大力发展。美域高果业引进的法国迈夫4.0现代化选果线后，2018—2019年度精选苹果4 000吨，北京、上海及广州多家专卖店销售苹果质量顾客满意度达100%，并且销售量及销售价格有了极大提升。

智能化选果车间

（二）打造精深加工集群

整合其他项目支持建成美域高果醋果饮、民友果干等3家深加工企业，支持蔚蓝果片、兰河山果醋等6家企业进行技术改造提升，使果品深加工年生产能力达到0.8万吨。研发了苹果冰酒产品，完成了中试，并申请了专利。同时，建成浓缩果汁加工厂1家，加工能力3万吨，可消化残次果14万吨，延长了产业链，形成苹果深加工企业集群，提升了附加值。

（三）打造配套加工集群

产业园创建完善制定了一系列果品配套企业建设优惠政策，大力发展配套加工企业集群。先后建成包装、果筐、防雹网、果网、反光膜等加工企业30余家，年加工总产值达5亿元以上。最为典型的是探索出了果品包装物的重复利用模式，以前果品包装以纸箱为主，雨天对销售市场污染较大，同时也消耗大量纸张。创建中产业园积极支持发展塑框企业，推行塑框重复利用模式，加快传统包装物纸箱的淘汰，过去洛川塑框供应量不足30%，目前当地供应量达到80%以上。

（四）打造循环利用加工集群

长期以来，洛川果业产生的大量废弃树枝、反光膜等果用废弃物得不到有效利用，且对环境产生了较大污染，大风时会造成电网短路跳闸。产业园在推进创建中坚持循环发展长效机制，积极推进果园废弃物循环利用，引资山东琦泉生物科技有限公司建成生物质发电厂，年回收枝条30万吨左右，每天发电收入80万元，年产值2亿元。引资浙江金亿来有限公司建成反光膜铝塑分离厂，利用废旧反光膜进行铝塑分离再加工利用。目前，年回收利用废旧反光膜5 000吨左右，使农民果园亩均增收125元，人均收入增加375元。农村树枝、反光膜环境污染及农村电网短路问题得到彻底解决，为果业废弃物循环利用探索出了积极可行的路子。

（五）深入推进集中区建设

启动实施了以果品精深加工、特色果用物资加工及特色装备制造为重点产业的苹果关联集中区建设。关联集中区以优化补齐果业发展链条和提供优质高效配套服务为根本目标，以打造绿色低碳果业配套服务链为重点任务，构建企业带动、科技支撑、业态多样、金融助力的现代乡村果业配套服务体系。

四、做活三产，提升产业综合效益

（一）打造国际知名品牌

成立了洛川苹果产业协会，申请注册了"洛川苹果"地理标志证明商标，采取品牌嫁接的方式先后争取了北京奥运会、上海世博会等40多项冠名权。连续举办了十五届中国陕西洛川（国际）苹果博览会，累计在北上广等主销城市开展100多场次品牌宣传推介活动。洛川苹果取得了加拿大、英国、泰国、澳大利亚等8个国家出口认证，成为出口加拿大、英国免检产品，形成覆盖全国28个省份，出口东南亚、欧洲等20多个国家和地区的市场网络。产业园的企业、合作社在全国80个大中城市建立了销售网络，设立洛川苹果品牌专卖店与果品批发行140多个。"洛川苹果"品牌评估价值达687.27亿元，位居水果类第一。

（二）建立健全物流体系

建成洛川苹果现代智慧冷链物流中心，并与广州青怡集团合作建立了洛川苹果全国大中城市冷链配送集团化销售渠道，实现了洛川苹果销售全程冷链运输，使消费者能够吃到当日的鲜苹果，保障了果品终端销售的品质。建成了华大电商物流集配中心，实现线上与线下专业一体化服务，年可收发快递包裹1亿件，极大地促进了电商新业态的发展。2022年产业园物流收入达2亿元以上。

（三）大力发展新模式新业态

建成洛川苹果电子商务培训中心，培育电商企业387家，电商个体经营者8 000余户，年电商果品交易值达13亿元左右。产业园按照"春赏花，夏纳凉，秋采摘"的思路，建成南安善观光采摘园、京兆北安善观光创意园和谷咀苹果创意园等4个苹果旅游创意园区，形成了洛川苹果第一村、京兆万亩观光长廊、洛川苹果大观园等一批各具特色的生态果业文化项目。建成谷咀民俗度假村、南安善民俗村、作善陕北特色食品制作专业村和秦咀苹果销售专业村4个农家乐专业村，联合旅行社推出了集观光休闲、采摘体验、科普教育等于一体的"苹果之都、休闲胜地"系列旅游产品。开发了礼品果、苹果树皮画、剪纸、农民画等"苹果"元素产品。2022年产业园实现旅游综合收入3.84亿元。

（王艳　张娟　雷永刚）

实施"九大工程"
高质量建设现代农业产业园
千阳县省级现代农业产业园

千阳县省级现代农业产业园以奶山羊为主导产业，园区位于千阳县奶山羊产业核心区和优势产业带，主要以崔家头镇、南寨镇、城关镇、张家塬镇、草碧镇、水沟镇为重点，规划总面积约3万亩。2020年以来，千阳县抢抓全省实施现代农业"3+X"特色产业工程机遇和省级现代农业产业园创建机遇，聚焦全产业链持续发力，形成了"良种繁育和高端羊乳加工双核心，莎能奶山羊产业一个发展带，奶山羊良种繁育核心区、标准化养殖示范区两个繁育示范区和良种扩繁基地、饲草供应基地、标准化养殖三个基地"的发展格局，有力推动了全国莎能奶山羊良种供应繁育基地建设和县域经济高质量发展，加速了乡村产业振兴。

千阳县种羊场转盘式挤奶厅

一、坚持高质量规划，引领高水平建设

千阳县委、县政府把奶山羊产业作为富民强县兴村的首位工程、百亿现代农业产业的重要支撑，顺应"四化"同步发展大势，用全球视野定位奶山羊产业发展，聚焦良种供全球、链条全覆盖、产品高端化方向，提出"龙头带动、科技引领、分户扩群、肉奶并举、集群发展"的思路，制定《关于建设全国莎能奶山羊良种供应繁育基地的意见》。在省级现代农业产业规划设计中，深入研究国家产业政策，分析国内国际奶山羊产业发展趋势，紧扣省级现代农业产业园规划要求、千阳奶山羊产业发展实际和奋斗目标，依托千阳县奶山羊产业核心区布局现代农业产业园功能区域，聚焦"双核一带两区三基地"，坚持高质量规划，高标准编制《千阳县省级奶山羊现代农业产业园规划（2020—2024年）》和《千阳县省级现代农业产业园创建方案》，谋划42个项目，总投资5.8亿元，夯实产业园建设基础，引领高水平建设。

二、实施"九大工程"，突出产业园优势

（一）实施良种繁育推广体系工程，良繁优势更加突出

激活全国唯一的莎能奶山羊育种基地资源优势，以县种羊场为依托，率先建成省级种公羊站和奶山羊育种工程技术研究中心，开展胚胎移植、基因组选育等高新技术研究和推广，并已取得新进展。引进新西兰莎能奶山羊种羊2 500只、冷冻精液3 000枚、胚胎1 000枚，建成正大集团5 000只良种繁育基地、陕西省莎能奶山羊良种繁育中心、陕西莎能奶山羊发展有限公司，以及奶山羊供精站2个和人工授精站30个。整县推广奶山羊人工授精技术，形成核心群、扩繁群、基础群三个层次的奶山羊育种群，建成千阳县种羊场国家级奶山羊核心育种场。制定《莎能奶山羊冻精和鲜精标准》等8个技术标准，形成"1+1+N"（"种公羊站＋育种工程技术中心＋人工授精站点、良种扩繁场"）的奶山羊良种繁育生产格局。荣获陕西省农业技术推广成果奖3个，成熟的良繁体系领跑全国，"奶羊在全国、种羊在千阳"被业内广泛认可。

莎能奶山羊良种繁育基地

（二）实施优质奶源供应体系工程，产业规模不断扩大

整合国家和省级财政支持项目、政府专项债、优势特色产业集群建设等项目，支持企业、合作社、家庭牧场和养殖大户，以实施奶山羊产业"个十百千"工程为抓手，推广正大"四位一体"高效养殖模式、规模化养殖场、家庭牧场模式、"借羊还羊"四种扩群模式，建成"四位一体"高效养殖示范园1个、示范点1个，建成千只以上规模化养殖场15个，百只以上奶山羊家庭牧场（户）280个，奶山羊存栏规模达到23.1万只，羊奶产量9.6万吨。引进正大集团等龙头企业，实施总投资11亿元的正大奶山羊项目并投用一期工程，项目全部建成后将成为国内单体存栏最多、种群规模最大、智能化程度最高、管理最先进的奶山羊综合项目。

（三）实施羊乳智能加工体系工程，加工能力加速提升

改造提升陕西飞天羊乳制品加工生产线3条，完成乳品冷链物流体系建设，开发羊酸奶低温液态羊乳和羊乳粉产品等4个大类。飞天乳业加工能力增加到2.5万吨，羊奶加工转化率达到84%，农产品检测合格率达到100%，7个液态羊乳产品畅销沿海地区，走进进口博览会。飞天乳业成为全省首家实现羊奶液态奶规模化生产的企业，"飞天羊乳"荣获陕西省著名商标、名牌产品，农产品加工业产值与农业总产值比达到2.04：1。发挥龙头带动作用，形成了合作制、股份制、订单农业等多种利益联结

机制，奶山羊全产业链产值达25亿元。

（四）实施生态循环发展体系工程，绿色发展成效显著

坚持产业发展与生态保护并重，养殖场采取"干清粪"生产工艺，有机肥加工厂收集奶山羊粪便生产有机肥，并用于饲草、种植业和苹果产业的发展。实施畜禽粪污资源化利用项目，引导畜禽规模养殖场区改进生产方式，建设粪污处理设施，配套干湿分离设备，规范生产行为，规模养殖场粪污处理设施装备配套率达100%，奶山羊养殖粪污综合利用率达94.44%，形成果畜有机结合、循环发展的产业模式。

（五）实施农文旅融合发展体系工程，融合发展逐步走深

依托奶山羊养殖基地，融合莎能奶山羊文化和发展历史建成奶山羊文化馆、张家塬镇奶山羊文化长廊，同时展销优质羊乳产品，增加产业发展新动能，促进建设集羊文化展示、休闲体验、产品营销、文化旅游于一体的产业园，推进农文旅融合发展，提升综合效益。产业园带动千阳县种羊场建成上海合作组织农业技术交流基地，与陕西省星创天地合作，将陕西千阳莎能奶山羊发展公司打造为奶山羊文化乡村旅游打卡地。

（六）实施饲草料供应体系工程，饲草供应保障有力

引进饲草新品种32个，建设试验田50亩，不断筛选优化饲草结构，高标准建设优质青贮玉米饲草基地5万亩、优质苜蓿生产基地3万亩，推广生产全程机械化，提高饲草收储质量，确保奶山羊饲草品种多元化、丰富化，做强饲草供应。

（七）实施电商营销体系工程，产业支撑持续加强

引进"互联网+"技术，建成中国莎能奶山羊良种推广交易中心，通过网络技术与养殖基地联通，宣传良种优势，实时跟踪售后服务，提供功能齐全的良种交易洽谈服务。2021年、2022年扩大种羊销售1万余只，莎能奶山羊良种基地建设持续做强。建成乳品电商及销售网点，融入天猫、京东等第三方交易平台，实现线上线下、直供专卖、批发连锁多渠道销售服务。陕西飞天乳业荣获2021年中国羊乳制品销售额20强企业

称号。实施品牌战略工程，注册"千阳奶山羊"中国农产品地理标志，举办莎能奶山羊大赛、摄影展、高峰论坛。飞天乳业积极参与进口博览会等全国性大型会展，在主销区举办展销活动，农产品检测合格率达100%；擦亮"千阳奶山羊"和"千阳羊乳"品牌，成功入选2022年全国名特优新农产品。实施科技支撑服务体系工程，深化与行业技术单位的合作，开展基因组选育和性别控制、冷冻精液技术研究，推广标准化养殖、胚胎移植、奶山羊人工授精、机械化挤奶等10项技术，奶山羊人工授精配种受胎率达95%，农业科技贡献率达86.4%。建成奶山羊疾病预防控制中心和饲草检测化验中心，筑牢畜产品绿色健康第一保障。

三、强化"三重保障"，增强产业带动力

（一）强化组织领导

成立奶山羊产业发展领导小组，千阳县委、县政府主要领导任领导小组组长，统筹负责全县奶山羊产业发展组织领导、综合协调和重大事项决策。组建千阳县奶山羊省级产业园管委会，制定产业园的管理办法，为入园企业、技术部门、合作组织和农户搭建良好的合作平台，提供各项后勤保障和公共服务。坚持"月调度破难题、季观摩看进展、红黑榜促后进"推进机制，实地检查、现场点评，抓示范、带整体，攻难题、破瓶颈，加快了产业园重点项目的建设进度。

（二）加大政策支持

优化调整国土空间布局规划，累计调整1 500余亩土地用于奶山羊规模养殖场建设，积极指导镇村利用一般农田、四荒地、闲置小区建设奶山羊养殖场。出台《千阳县高层次人才引进和管理办法》《关于进一步激发人才创新创造创业活力的若干措施》，招入3名研究生开展技术研究，强化与西北农林科技大学等国内外奶山羊专家协作，聘请专家团队，指导带动产业发展。各金融保险机构积极出台"三农贷""奶羊贷"等金融产品支持群众发展主导产业，扶持加工企业扩大产能。千阳县政府出台扶持奶山羊产业发展的12条政策，从经费投入、人员配置、阵地建设等方面加强政策保障，激励产业发展。

（三）规范资金使用

充分利用关中奶山羊优势特色产业集群建设补助和县级整合资金，按照《千阳县财政衔接推进乡村振兴补助资金项目管理办法》《千阳县关中奶山羊优势特色产业集群资金使用方案》规定，严格执行财务管理制度，规范使用各类资金。2020—2022年，产业园累计投资4.72亿元，其中整合投入各类财政资金0.88亿元，撬动社会资本投资3.84亿元，使产业园生产功能、产业特色、要素聚集更加鲜明，生产方式、设备装备更加先进，经济效益和带动能力快速提升。

（何红军　石峰　韩军定）

聚焦科技创新　促进产业园高质量发展

安塞区省级现代农业产业园

安塞区现代农业产业园位于安塞中部杏子川沿线产业集约区，区域囊括高桥镇、砖窑湾镇、沿河湾镇、招安镇4个镇，主导产业为设施蔬菜与苹果产业，也是省市县重点扶持打造的区域特色优势主导产业。设施蔬菜面积4.1万亩，占全区设施蔬菜面积的61.1%，年总产量23.4万吨，占全区蔬菜总产量的68.2%，苹果面积18万亩，占全区苹果面积的45%。产业园主导产业优势明显，产业园生产的蔬菜瓜果畅销周边市县。依托产业园创建，安塞区已成为陕北地区设施蔬菜种植第一大县区，先后被评为中国果菜无公害科技示范县、陕西省设施蔬菜生产基地县、陕西省设施蔬菜综合能力提升示范县和陕西省无公害农产品生产基地。

金盆湾山地日光温室种植基地

一、政策驱动，把资金捆在产业链上

安塞区委、区政府高度重视产业园发展，产业园创建之初，安塞区政府成立安塞区现代农业产业园建设领导小组。组长由安塞区主管农业的副区长担任，副组长由安塞区农业农村局局长担任，成员由财政、经发、果业、蔬菜等7个单位主要负责人和高桥镇、砖窑湾镇、招安镇、沿河湾镇党委书记组成。按照政府引导、企业主导、农民参与的原则，坚持农民、企业、政府多方共赢，坚持农民是产业园建设的主体力量、新型经营主体是产业园建设的主导力量、政府是产业园建设的支撑力量。安塞区先后出台了《关于加快推进现代农业高质量发展的意见》《安塞区关于加快蔬菜产业后整理工作的实施意见》《安塞区关于加快苹果产业后整理工作的实施意见》《安塞区招商引资扶持优惠政策十六条》等政策措施，助推产业园快速发展壮大，对基地建设、实用技术推广、精深加工、品牌培育、冷链储运、市场营销等各个环节进行全方位政策支持，加上省市项目支持，每年投入产业园的资金达8 000万元以上。在强有力的政策驱动下，安塞区已发展成为陕西省设施蔬菜规模最大、质量效益最好的县区之一。

二、创新驱动，把技术镶在产业链上

（一）创新经营模式，扩大产业规模

一是政府牵头、统一建棚、分户经营。该模式主要针对之前的贫困村和集体资金薄弱的村镇，由政府利用扶贫项目资金，根据镇村及农民申请，通过招标采购的办法建棚，每个标准棚（100米×9米）造价控制在11万~12万元，建成后产权归村集体所有，农户通过申请，以每棚1万元/年的承包价格分户经营。该模式不但满足了农民发展产业的强烈需求，而且壮大了村集体经济，实现了村集体和农民双赢的目标。

二是菜农牵头、政府补贴、统一建棚、分户经营。该模式针对农民发展设施蔬菜积极性高的村组，由20户以上的种植户选好建棚地点，在镇、村两级的监管下，在区蔬菜中心的技术指导下，统一建棚，日光温

室建成后，政府对每座日光温室补助2万元、保温被补助5000元、自动卷帘机补助4000元；集中连片20座以上的基地，区政府配套水电路等基础设施，剩余资金由菜农通过自筹或贷款解决。日光温室建成后，产权归菜农所有，实行分户经营，公司或合作社统一收购蔬菜。该模式主要优点是产权归菜农所有，农民积极性高，管理更加规范，产业发展迅速健康，同时省、市项目资金对建棚投入较大的点给予适当补助，可以大规模迅速地促进产业发展。

（二）加强技术推广，助力高效生产

围绕"降低生产成本、提高生产效率、增加经济效益"的目标，安塞区大力实施"科技兴菜"战略，着力产业质量效益。创新推广了安塞"九五"式温室结构，完成旧棚改造898座，产业园"九五"式温室占比达92%，并在陕北地区广泛推广。产业园与西北农林科技大学、国内外知名种子公司合作，及时更新种植技术和品种，成功筛选推广了布利塔茄子、37-82辣椒等12个优良品种，正在试验示范蔬菜、反季节水果、花卉品种60多个。在产业园范围内积极推广工厂化育苗、水肥一体化、新型保温被、自动卷帘、自动放风、新型轨道车、物理防控及新型物联网等设备和技术20多项；加快了蔬菜产品质量安全体系建设，大力推广物理防治和生物防治技术，其中推广太阳能杀虫灯3740盏、杀虫板20万张、防虫网5万平方米，生物菌肥150吨，引导菜农在果蔬生产中禁止使用蘸花药，全部改由蜜蜂进行授粉，利用害虫的天敌和生物农药防治病虫害，不用或少用化学农药，最大限度地减少化学农药对蔬菜和环境的污染，进一步规范了蔬菜生产、经营及化肥、农药使用等管理制度，定期进行农药残留抽样检测，合格率达100%。

率先在产业园开展了雨水收集节水灌溉技术示范推广，建成雨水收集示范基地3个，辐射全区建成9个，有效解决了用水成本高和地下水过度使用的问题。探索推广了改土治土有效措施，被农业农村部选为全国设施农业连作障碍综合治理5个试点之一。全面推广秸秆生物反应堆技术、石灰氮太阳能消毒技术、土壤深松耕、测土配方施肥，增施有机肥，合理轮茬换茬，推进农膜、地膜回收利用，强化农业面源污染防治，促进设施蔬菜品质提升、产量提升、效益提升。建成循环农业园区2个，实

现农业废弃物循环利用；建成智慧农业园区2个，实现了园区自动化管理，减省人工达40%，有效降低生产成本。通过新装备、新技术的推广应用，安塞区设施蔬菜产业现代化水平显著提升。

（三）构建销售体系，延伸产业链条

产业园集约化育苗率达91%，集中连片区域蔬菜基本实现分级包装销售，重点培育了延安金源鸿餐饮有限责任公司开展蔬菜精深加工和冷链配送，引进了延安农投等大型企业6家全方位参与蔬菜生产销售全过程，依托农产品交易中心，吸纳企业、合作社加入蔬菜销售网络，实现订单销售，有效延伸了产业链条。2021年，成功注册"塞北鼓乡""鼓乡菜圃""鼓乡绿园"3个蔬菜商标，并且正在积极申请"安塞茄子"国家地理标志产品认证。

三、效益促动，把收入增在产业链上

安塞区现代农业产业园创建以来，大力发展设施蔬菜主导产业，不断发展新型棚型结构、总结研究好做法、引进推广新技术、配套装备新设施。通过这些重大技术和关键设备的集成推广，有效提升了蔬菜产业效益，真正实现了产业增效、农民增收。

（一）经济效益

稳定的产业规模带动了稳定的市场和效益，稳定的市场和效益促进了全产业链的快速发展。在集约化育苗方面，积极培育集约化育苗企业5家，年育苗量4 500万株，全区集约化育苗率达91%；蔬菜精深加工方面，建成蔬菜分级包装点3个，蔬菜净菜加工生产线2条，果蔬预冷保鲜库1.8万立方米，年净菜加工能力1 000吨以上，实现产值2 400万元。全区集中连片区域蔬菜基本实现分级包装销售，通过分级包装销售，蔬菜价格每千克平均提高0.6元；蔬菜营销方面，在保障周边市县和西安市场供给的同时，安塞蔬菜还销往银川、武汉等地，已形成稳定的销售市场，特别是安塞茄子在西安的市场占有率已超过60%。2022年，与上海容邦、西安黄马甲等企业达成订单销售、品牌培育方面的合作，减少了中间环

节，提高了蔬菜价格，增加了农民收入和蔬菜整体效益。品牌建设方面，成功注册"塞北鼓乡""鼓乡菜圃""鼓乡绿园""安塞优选"等7个蔬菜商标，"安塞茄王""侯沟门黄瓜""宋庄小瓜"等多个果蔬品牌深受西安、武汉等地市场欢迎。

质检留样室　　蔬菜保鲜库　　米面库房　　肉类冷冻排酸库

蔬菜加工车间　　肉类加工车间　　成品真空包装冷冻　　成品保鲜库

产品加工

（二）社会效益

随着产业园效益不断提升，一大批农民得到了实惠，农村外出务工人员积极返乡投身到产业园发展中，广大群众认可产业园，主动发展的势头高涨，实现了由"要我发展"到"我要发展"质的转变，由过去的政府强力推动转变为农民自愿、主动发展。实践证明，安塞设施蔬菜和苹果产业是一项致富产业，坚定不移做大做强设施蔬菜全产业链已成为全区干部群众的共识。截至2022年底，产业园设施蔬菜种植面积4.1万亩，占全区设施蔬菜面积的61.1%，总产量23.4万吨，占全区蔬菜总产量的68.2%；苹果种植面积18万亩，占全区苹果面积的45%。经过三年的创建，园区农业总产值从9亿元增长到11.3亿元，主导产业产值从7.3亿元增长到9.4亿元，带动农民8 663人，户均增收2 000元以上，新增设施蔬菜面积3 600亩、苹果面积3 400亩，引进试验示范新品种37个，推广农业创新技术16项。新型日光温室平均收入在7万元以上，从业菜农人均年收入4.7万元。一二三产业融合程度持续提高，产业园整体发展水平稳中有进。在显著效益的促动下，产业园设施蔬菜面积以每年2 000亩的速度快速推进，产业园主导产业已经成为农民接受程度最高、乡村振兴效果最明显、综合收益最好的农业主导产业。产业园主导产业优势明显，产业园生产的蔬菜瓜果畅销周边市县。依托产业园的成功创建，安塞区已成为陕北地区设施蔬菜种植第一大县区，先后被评为中国果菜无公害科技示范县、陕西省设施蔬菜生产基地县、陕西省设施蔬菜综合能力提升示范县和陕西省无公害农产品生产基地。

（张志宏　寇斌龙　张瑞）

科技赋能延链补链　促进园区提标提能

镇安县省级现代农业产业园

镇安县现代农业产业园项目辐射永乐街道办、大坪镇、铁厂镇3个镇办，总投资17 700万元。镇安县以创建高质量食用菌全产业链示范县为目标，按照"科技支撑、加工带动、提质增效、融合发展"的总体思路，聚焦关键环节和突出短板，集合优势资源要素，大力实施菌种繁育提升、食用菌基地提质增效、食用菌精深加工增值、服务保障体系、品牌打造及主体培育五大工程，实现产业园香菇年生产规模2 500万袋，木耳生产规模1 000万袋，年产食用菌2.9万吨。产业园总产值11.5亿元，主导产业产值9.3亿元，其中一产收入2.6亿元，香菇精深加工收入5.2亿元，贮藏、营销、物流、服务等三产收入1.5亿元。蹚出了"四个四"现代农业园区建设的镇安路径，让生态产品价值实现成为镇安绿色发展的增长点、支撑点、发力点。

镇安县现代农业产业园"智慧农业"大数据平台

一、构建"四有"体系，解决"谁负责建"的问题

（一）责任有主体

压实县政府在省级现代农业园区建设统筹谋划、组织协调、资金筹措、任务分解、目标考核、绩效管理等方面的主体责任，压实镇办履行园区项目建设区域划分、责任落实、岗位设置、群众发动、日常管理等属地责任，压实农业农村、自然资源、发改、财政等部门属事责任。

产业园350万袋菌棒生产车间

（二）管理有机构

成立了镇安县省级现代农业产业园创建工作领导小组，由县人大常委会主任任组长，分管领导任副组长，相关部门人员为成员。领导小组下设办公室，县农业农村局局长任主任，负责办理日常事务。下设园区创建工作专班，政府分管县长为班长，县农业农村局局长为副班长，县金融中心、特产中心、农技中心、农科教中心相关人员为成员，具体负责创建工作的融资、建设、管理、服务等工作。各镇办落实"一把手"负责制，具体负责本辖区创建工作的建设、管理、服务工作。

（三）服务有团队

在行政推动层面，构建"总指挥长＋三级指挥长"责任体系，明确政府县长为县总指挥长，分管副县长为县级指挥长，镇长（主任）为镇级指挥长，村（居）委会主任为村级指挥长，全县配置各级指挥长165人；在专业监管方面，县镇两级监管机构配置专业监管力量110人，其中3个县级机构配置人员65人、镇办配置人员45人；在日常指导方面，全县共配置专业技术人员245人，人均指导500亩，形成了县级领导包抓、部门督导、镇办监管、企业承建的"四级联创"工作机构，为省级园区创建工作提供了组织保障。

（四）建设有规划

坚持城乡统筹、开门办园、"有边界，无围墙"原则，规划"一带三区"的总体功能布局。一带，即特色食用菌产业带；三区，即大坪镇食用菌标准化生产示范区、铁厂镇种植大户集约化生产示范区、永乐街办全产业链发展创新示范区。引进商洛市丰菇源农业科技有限公司和秦绿农业科技有限公司，在大坪镇香菇产业基地的基础上，扩大生产规模，建设加工厂，延伸产业链；发挥农业种植大户引领作用，在铁厂黄龙铺和姬家河百万袋食用菌大棚基地的基础上，扩大产业规模，完善生产功能，提升设施质量；在永乐街道办依托香菇加工龙头企业永田公司，建设研发机构，完成产品升级，打造全产业链接。通过核心建设，起到以点带面的示范引领作用。

二、聚焦"四链"共生，解决"靠啥增值"的问题

（一）做实做细"链垒"，强化产业链的保障力、持续力

坚持把食用菌产业当作巩固脱贫攻坚成果的"黄金产业"和农民增收致富的"钱袋产业"来抓，持续做好政策扶持，做好服务保障，抓点示范，为企业"松绑"、为市场"腾位"。出台了从种苗供应、技术培训到加工销售、产品追溯全产业链扶持政策，在要素保障、市场需求、政策帮扶等领域精准发力，精准补链、延链、强链，确保食用菌产业纵向

成链、横向成群。

（二）做大做强"链主"，强化产业链的带动力、引领力

切实发挥好政府有形之手、市场无形之手和群众勤劳之手的叠加效应，持续以"链长制"为抓手，加强陕西永田等"链主"企业和重点龙头企业培育，在扩规模、提质效、强品牌、深加工、畅流通、促融合上下功夫，统筹推进食用菌全产业链高质量发展。

（三）做长做精"链条"，强化产业链的聚合力、竞争力

坚持"一企带一链，一链成一片"。建设以乾佑河为中心，磨木路、镇杨路、城灵路、冷安路"一河四路"四大产业长廊，建成省级农业园区1个，创建示范村16个、200万袋香菇栽培示范基地3个、100万袋木耳生产基地1个。

（四）做牢做美"链核"，强化产业链的生存力、发展力

采用统一品种、统一技术、统一管理、统一品牌、统一销售的"五统一"方式，通过"龙头企业+示范园+农户""电商+基地+农户"等产业化经营模式，结成产业利益共同体，辐射带动农户参与发展食用菌产业。同时，依托食用菌标准化产业园、产业基地、专业市场、冷链贮藏物流、市场信息监控、电子结算、网上交易、食品和产业安全、生态旅游和农旅文化等项目建设，以及农村自然生态人文资源、美丽乡村建设成果，不断推动一产"接二连三"，成功探索出一条有风景，更有前景的乡村振兴和产业发展之路。

三、搭建四个平台，解决"智慧赋能"的问题

（一）推进技术联姻

与南京科技学院、联通网络公司和丰菇源农业科技有限公司协作，将数字经济人才纳入政策扶持范围，推动人才链与产业链、创新链、项目链、生态链深度融合。

（二）推进平台建设

投资近50万元，安装摄像头、传感器至交换机服务平台，实时采集食用菌种植基地的温度、湿度、光照、风速、CO_2浓度等参数，经过中央管理平台数据分析，对食用菌种植过程相关要素实施精准控制。消费者只需通过手机扫描二维码下载App，动动手指就能一键打开，可随时获取现代农业园区周边的温度、湿度、光照等信息。

（三）实行质量追溯

以二维码为载体，利用传感器数据采集，平台对数据进行存储与分析，面向产品原料种植环节、生产加工环节、销售流通环节、消费者环节，建立质量安全可追溯系统。全县有9家企业和生产经营单位，其生产管理初步实现数字化。

（四）拓疆营销市场

智慧农业平台搭建的信息高速公路把镇安绿色农产品的生态优势变成了真金白银。农民、合作社、农业企业等各类新型农业经营主体纷纷展开另一种形式的跑马圈地，在网上实现市场拓展。据不完全统计，全县开展网上销售的市级以上农业产业化龙头企业已经超过60%。京东、阿里巴巴等专业农产品电商平台已达10家，镇安食用菌按照每千克高出市场价2元的价格在互联网上众筹销售，不仅卖得火爆，还向国内外展示了镇安食用菌无与伦比的品牌价值。

四、建立四项制度，解决"持续见效"的问题

（一）建立资产确权制度

坚持权责一体、责随权走，严把清查、登记、核实、公示、确认、上报6个环节，对现代农业园区资产全面调查登记，划定建设范围、边界，将现代农业产业园区产权确权到村，目前已确权到村的园区资产6 000万元。

（二）建立考核奖惩制度

将现代农业园区建设纳入镇办和部门年度目标责任制考核，出台《镇安县省级农业园区建设绩效考核办法》，建立"月检查、季考评、年考核"机制，将考核结果与管护资金补助、单位评优树模相挂钩。2021年以来，对排名靠后的3名镇级指挥长、5名村级指挥长进行约谈，对考核优秀的3个项目村兑现奖补资金300万元。

（三）建立资金保障制度

主要通过上级部门争取一点、县级财政预算一点、行业部门整合一点、集体经济列支一点、社会各界募捐一点、群众投劳折算一点的"六个一点"办法，争取省级财政资金2 000万元，整合资金3 000万元，自筹资金12 700万元，有效破解了园区建设的资金难题。

（四）建立土地收储制度

通过"造地复垦"，新增园区建设土地，将腾出的农村存量土地实施增减挂钩，进行综合治理和复垦，从而解决了园区土地碎片化、项目建设无序化、土地产出低效化、环境脏乱差等问题，确保项目能落地、可承载。

五、主要成效

从"山沟沟"到"绿富美"，越来越多的人选择返乡到园区就业，"山景"变"钱景"，"家园"变"花园"，"资源"变"活钱"，老百姓的腰包鼓了、生活火了、笑脸多了。一串串数字的背后，是镇安人建设现代农业园区的时代答卷。通过"四个四"机制的工作实践，初步取得了一些成效，具体体现在以下5个方面。

（一）拓宽了致富路

依据农户的发展能力和条件，全面推出"园区带基地、基地带庭院、大户带散户、能人带穷人"的"组合拳"，建立完善"联产联业、联股联心、联管联护"的"利益链"，确保资金跟着穷人走，穷人跟着能人走，能人跟着产业走，产业跟着市场走，让农户就地就业、就地发展、就地致富。通过汇聚市场优质资本，打响品牌影响力，全县3 000多户群众通过发展食用菌产业或基地就业实现了稳定增收。

（二）激活了生态链

打造了云盖寺镇香菇小镇、中合村采蘑菇的小山村。利用林木修抚枝（如桑枝）、农作物废料等废弃生物资源进行再生产，点草为金，变废为宝，让秸秆综合利用在田间"原地嬗变"，将生态资源转化为发展资源，将生态财富转化为发展财富，实现生态农业的循环利用，为践行"两山"理论蹚出了路子。

（三）增加了保障网

镇安县实行"财政补贴＋政府兜底"双轮驱动，设立了政策性农业保险和农业生产综合保险"双保险"，持续"增品扩面"，着力"提标降费"，实现了保险"托得住"、农户"保得了"，实现了除集中供养户外的种植养殖产业户、自然灾害和野生动物损害"三个全覆盖"，为香菇等食用菌产业建立了"避险棚"，系牢了"安全带"，让农民增收有了"稳定器"。

（四）实现了零失业

香菇产业把城市大企业加工车间"搬"到农村，让留守群众在家门口打工挣钱。这部分人除了平时下田干活、进厂打工外，可借助乡村振兴衔接资金、加工设备入股等，每户年可获得3 000元分红收益，实现了流转土地收地金、进厂打工挣薪金、带资入股得股金多重收入。

（五）消除了空壳村

由财政投入建设的食用菌大棚，建成后形成的资产归村集体所有，向外租赁可收取租金，让部分集体经济空壳村有了集体收入。按每村最低建设面积200平方米的标准计算，村集体年收益可在万元以上。

（刘声文　谢现宁　陈维智）

依靠技术装备　引领产业转型

丹凤县省级现代农业产业园

　　丹凤县现代农业产业园以食用菌为主导产业，建成双孢菇工厂化车间64个、爱尔兰棚60个，安装了自动控温、通风系统，配套了隧道发酵窖基质生产线，实现了双孢菇（草菇）种植机械化、自动化、信息化和全程人工环境控制，实现每年5茬可周年生产。通过基地的技术示范、经营辐射，带动了全县食用菌产业发展，形成了"秦菇源""丹农食客"等食用菌品牌，年产量达4.6万吨，综合产值13亿元。

茶房双孢菇基地

一、"四点着力"夯实产业基础

（一）着力转型发展求突破

丹凤县食用菌产业原本以袋料香菇为主，香菇产业严重依赖砍伐栎树等林木。由于林业资源保护政策的限制，加之香菇产业在国内规模几近饱和，香菇的市场价格持续走低。但在丹凤县种植双孢菇具有气候适宜、原料充足等优势，当地的肉鸡基地可向食用菌产业提供生产原料，既能防止环境污染，又能实现资源循环利用、可持续发展。于是，丹凤县委、县政府迅速决策部署，在丹凤县发展双孢菇产业，在传统菇棚试种成功后，立即规划建设现代化棚，使得丹凤县食用菌产业成功转型。

（二）着力技术创新求效益

丹凤县现代农业产业园以促进科技成果转化、推广先进适用技术为主线，认真解决科技与生产有机结合的问题，依靠科技进步推进生态农业发展，实现农产品增值、农业增效和农民增收的目标。

一是在传统棚试验示范种植双孢菇，在原料配比、基质发酵、养菌出菇、采收管理等环节进行对比试验，总结出一套适合当地气候的双孢菇栽培技术，在全县推广示范。

二是双孢菇种植初步成功后，试验"一棚两菇"技术，即同一个菇棚，5月种植一茬草菇，收获后8月种植一茬双孢菇，达到一棚两用，一年获得两次收益。该技术在鑫垚公司试验成功并予以推广。

三是探索菌种扩繁，建立50万瓶双孢菇菌种厂1个、100万瓶香菇菌种厂1个，实现了商品代菌种生产的自给。

四是引进现代化棚种植技术，分别建成双孢菇工厂化车间64间、爱尔兰棚60个，与200个传统菇棚进行对比试验，从投入、产出、产品质量、经济效益等方面对传统棚、工厂化车间、爱尔兰棚三种栽培模式进行比较，引导群众因地制宜、按需建棚发展食用菌产业。

五是引进双孢菇基质隧道发酵技术，建设隧道发酵窑，每批次可供10个工厂化车间投产，保障工厂化车间、爱尔兰棚的基质原料供应。

双孢菇鲜菇装篮称重

（三）着力装备引领扩产能

设施农业是丹凤县实现高质量发展的重点产业，产业以建设农业设施为基础，以提高亩产效益为动力，以增加重要农产品市场供给为要点，以增加农民可支配收入为目标。近年来，丹凤县现代农业产业园围绕发展设施农业，建设食用菌生产传统棚、爱尔兰棚和工厂化车间，探索出了一条设施先进、装备领先、增产增收的路子。尤其是在工厂化车间的建造上，建设钢结构作框架的厂房，形成了长期固定建筑，避免了简易棚易发的垮塌、漏风的风险；采购安装冷库板作隔挡墙，形成了保温性能良好的生产车间，实现了温度、湿度、气体浓度可有效控制的人工影响环境车间；水、热、气管道地下预埋，电力、通风管道建成墙上走廊，既保持了作业空间不受影响，又保障了安全生产；地面采取硬化处理，同时有利于快速渗水，避免了地面滴水造成的有害微生物增殖污染；通风系统、温控系统、风淋消毒系统采取自动化、智能化设置，保障了食用菌生产车间的生物安全，同时对实现生产环境精准控制提供保障。

（四）着力人才培育增后劲

丹凤县以产业园为依托，组建了县食用菌产业协会，组建协会理事会10人，发展会员51人，覆盖了全县10个镇30个食用菌基地。产业园每年组织食用菌产业技术培训200人次、经营管理培训30人次，已培育了一批技术型人才和经营管理型人才，为食用菌产业发展奠定了人才基础，增强了发展后劲。

二、"三个明显"迸发产业活力

（一）产能提升效果明显

产业园建成后，覆盖了丹凤县龙驹寨街道办、商镇、棣花镇3个镇（办）24个行政村，建成了沿丹江南岸15千米江南经济新干线的串珠式布局现代产业园区，达到了2万吨食用菌鲜菇、1万吨食品加工、100万瓶菌种生产、3万吨有机肥加工、1万吨基质发酵、5 000吨冷链仓储的综合生产能力。

（二）社会效益经济效益明显

产业园年总产值达13亿元，通过提供就业岗位、产业发展、项目分红等方式带动农户1.31万户，其中采取股份合作方式带动农户1.2万户，采取就业带动农户600户，采取订单农业方式带动农户500户，采取集体资产量化入股的行政村达到20个，园内农民年人均可支配收入达到1.5万元，比全县农村居民年人均可支配收入高出25%。

（三）市场主导效应明显

产业园采取政府引导、企业为主、农户参与的市场化运作模式，由市场主体发挥市场配置资源优势，区域化布局、专业化生产、社会化服务，把产供销紧密结合起来。龙头企业、新型农业经营主体和小农户积极参与产业发展的各个环节。延长产业链，形成同向发力、协同推进的格局。通过政府引导，完善利益链，让农民更多地分享产业链的增值收益。

三、"五点加强"推进产业提升

一是加强科技创新。围绕工厂化车间、爱尔兰棚双孢菇种植，合理安排生产周期，确保每天有鲜菇供应市场；形成栽培技术规程，实现稳产定产高产；探索基质发酵配方和发酵过程技术参数对生产的影响，总结出最合理、经济、高产的基质发酵技术；更新优化自动化控制系统和建筑材料等，不断优化建设成本，提升设施质量。

二是加强市场开发。结合现有加工生产线，围绕市场需求开发食用菌饮品、固体食品等新产品，加大推介力度，力争形成鲜菇、干菇、加工菇不同的销售网络，提高订单生产比例。

三是加强技术培训。开展生态农产品生产技术推广，使各示范基地农民充分掌握现代设施设备条件下的生产技能，带动全县农户发展现代化食用菌生产。

四是加强项目建设。启动食用菌产业园三期建设，新建100个食用菌工厂化车间；谋划产业园四期建设，新建500个爱尔兰棚，进一步推进科技成果转化、扩大产能。

五是加强投资力度。在产业上下游链条延伸、科技装备水平提升、生态环保设施配备等方面继续加大投资，招引外地企业、回乡创业人员来丹凤投资，实现产业园年总产值达到20亿元以上的宏伟目标。

（王奇　余涛　刘媛媛）

绿色发展篇

LÜSE FAZHAN PIAN

实施"绿色循环" 助推农牧产业融合

榆阳区国家现代农业产业园

　　榆林市榆阳区国家现代农业产业园于2019年6月获批创建,以马铃薯、白绒山羊为主导产业,定位打造"全国最大的优质马铃薯标准化生产基地"和"全国最大的肉羊全产业链生产基地",规划布局"一核一带两片区多园",规划耕地面积52万亩,涉及6个乡镇72个行政村9.2万人,累计投资23.7亿元,产业园实现总产值75亿元,其中主导产业产值70亿元,占产业园总产值的93.33%,建成产业特色鲜明、要素高度聚集、设施装备先进、生产方式绿色、一二三产业深度融合、辐射带动有力的现代农业产业园区,在北方农牧交错带探索了一条"种养结合、绿色发展"的新路子,为我国西部地区建设农业农村现代化和黄河流域高质量发展提供了"榆阳模式"。

马铃薯大型喷灌设备

一、强化基地建设，实现主导产业跨越式发展

通过工业反哺农业，围绕马铃薯和白绒山羊两大主导产业，推动农业生产标准化、工厂化、绿色化发展，重点实施马铃薯提质增效工程和白绒山羊产业化发展工程，建设了集约化、现代化、标准化、绿色化马铃薯生产基地和规模化、现代化白绒山羊养殖基地，种养基地建设任务全面完成。

（一）实施马铃薯优质产业强基行动

一是通过引进马铃薯新品种，完善技术规程，建立标准化生产体系，扩大标准化种植基地面积，标准化示范基地增加到32万亩，平均亩产达到4500千克，单产处于全国领先水平，总产量达到121.6万吨。

二是完善马铃薯三级繁育体系，完成了改造提升马铃薯良种示范园1万亩，改扩建马铃薯良种繁育设施41000平方米，已建成陕西最大的脱毒种薯生产基地，年产马铃薯脱毒试管苗4000万株，原种5000万粒，繁育脱毒原种薯4.5万吨。

三是打造优质试验示范基地，完成马铃薯标准化生产示范基地2万亩、种养循环示范基地1.2万亩、马铃薯饲草水肥一体化技术种植基地4万亩、绿色种植示范基地1.5万亩。

四是建设配套基地，新建3万吨马铃薯气调保鲜库。

（二）实施白绒山羊产业强基行动

一是坚持以草定畜，适度扩大养殖规模，全区白绒山羊养殖量达200万只。

二是完善提升白绒山羊基础设施，建成白绒山羊良种繁育场12个、标准化养殖场11个、家庭牧场41个，改造提升养殖示范村5个、新建改建人工授精站10个。

三是注重规模化高标准养殖基地建设，建成10万只、15万只规模化养殖基地各1个，实现从空怀配种、妊娠哺乳、羔羊培育到育肥出栏全程工厂化养殖跨越式发展，规模化养殖率达到97%。白绒山羊全产业链基

地已经建成，为二三产业发展提供了有力支持。

百万只肉羊屠宰加工厂

二、推进三产融合，全产业链提质增效

产业园全面推进马铃薯、白绒山羊产业三产融合，加快补齐产业短板，构建了集生产、加工、科技、流通、营销于一体的全产业链，已成为一二三产业相互渗透、交叉重组的产业融合发展示范区。

（一）产品"三链"同构，创建品牌加工主阵地

园区积极引进投资大、带动强的重大加工项目，围绕主导产业进行全产业链开发，推进产业链、价值链、供应链"三链"同构。建成总建筑面积14.9万平方米羊绒毛深加工轻纺产业园、年屠宰100万只肉羊加工厂、年产20万吨马铃薯深加工厂、年产5万吨马铃薯方便粉丝粉条加工厂、年产5万吨小杂粮加工厂、年产20万吨饲草饲料深加工厂、年加工能力10万吨的有机肥场各1个，农产品加工转化率达90%。在做大做强农产品加工的基础上，聚焦仓储物流、品牌营销等关键环节，筹建中央厨房，全面推广榆阳农产品公用品牌"沙地上郡"，打造"榆阳马铃薯""草滩羊肉""乌素榆羊"等一批知名品牌，逐渐成为富有特色、适

度规模、辐射带动力强的农业产品加工主阵地。

（二）数字技术支撑，畅通产品流通销售渠道

一是建设农产品流通基础设施，建成仓储能力20万吨气调保鲜冷藏库1个、农产品交易市场1个、马铃薯集散中心1个、饲草集散中心1个。

二是搭建农产品销售平台，园区龙头企业与顺丰、中通等物流快递建立长期战略协作关系，引导鼓励企业、农民专业合作社、生产大户与阿里巴巴、京东等电商企业合作，建成数字农业产业服务平台1个、大喇叭服务站400个、农村电商试点10个，在产业园乡镇建立羊耳标信息档案制度，提供农产品电子商务系统App软件及技术服务，开展网络销售，年销售额达4.5亿元，占总销售额的20%。

三是提升信息化服务水平，在岔河则、马合、牛家梁等乡镇建成6个数字农场。依托阿里巴巴、华为等高科技企业，通过物联网、大数据、云平台建成电子商务、信息管理、农产品追溯体系等，促进生产端与销售端贯通。

（三）多元业态集聚，打造三产融合示范园

园区全面推进三产融合，提升农业产业层次，发展社会化服务、研学体验、休闲观光、乡村旅游等"农业＋"业态，大力拓展农业生态康养、休闲体验、文化传承等功能，建成白舍牛滩田园综合体、三道河则草滩风情、圪求河大漠漂流、麻黄梁黄土地质公园、陕北民歌博物馆和动物园等10多个乡村文化旅游基地，其中国家级美丽乡村1个、省级旅游乡村4个，发展市级休闲农业示范点30余个、农家乐乡村旅游点260余家。推进盒马鲜生、中央厨房等新业态发展，种养加文旅信三产高度融合。主动承接并举办马铃薯赏花节、中国农民丰收节、杏树文化旅游系列活动等乡村文旅节庆活动，挖掘农业多元业态集聚的效益，持续提升农业供给能力、综合效益和服务质量。

三、多要素支撑，突出科技优势

以产业园核心区为主，聚集市场、资本、信息、人才等现代生产要

素，推进农科教、产学研大联合大协作，配套组装和推广应用先进技术和装备，初步建成科技成果熟化应用有效机制，较好完成了要素集成、突出科技的创建任务。

（一）集聚科技要素，深耕科技主阵地

产业园与中国农业科学院、西北农林科技大学、陕西农产品加工技术研究院、陕西师范大学、榆林学院、榆林农业科学院等10多家科研院校合作，建成陕西省马铃薯工程技术研究中心、陕西省陕北绒山羊工程技术研究中心等科研平台11个，成立了陕西省农业专家服务站、榆林市专家工作站和榆阳区现代农业专家工作站。成立了榆林马铃薯首席专家工作站，柔性引进高级专家12人，引进市级科研院所专家教授30人，组建马铃薯、白绒山羊基层专业技术服务队60人。培训高素质农民、农村实用人才和农民达10万人次。组建了三级专家服务团队，形成了完善的农技推广体系。依托西北规模最大的马铃薯组培中心和集种养结合、技术研发、成果转化于一体的农牧科教基地，选育优良种养殖品种30多个，获得8项实用新型专利，良种覆盖率达90%。围绕榆阳区"4+2+X"优势特色产业，建立六大技术创新体系，发挥技术研究、集成和示范作用，促进科技成果转化。

（二）自主创新驱动，科技引领主战场

在核心区建成2 000多亩的实验示范区、2座农牧科研大楼、100亩试验羊场，形成国内最大的基因编辑绒山羊种群。集成《马铃薯水肥一体化栽培技术规范》《马铃薯双膜覆盖栽培技术规范》《马铃薯脱毒种薯繁育栽培技术规范》等5项技术规范，编制出版《榆林马铃薯》《中国马铃薯周年种植》等书籍，认定"茎尖剥离针""一种羊用灌药瓶"等8项国家实用新型专利。集成应用全年舍饲高效化养殖技术、全混合日粮技术(TMR)、疫病防控技术、胚胎移植技术等先进技术12项。开展新品种、新技术引进试验示范，选育新品种6个，组装配套农作物丰产栽培技术规程21项，形成绒山羊养殖技术规程19项，推广优质白绒山羊种羊10.6万余只，良种覆盖率达到90%。自2019年创建以来累计投入科研经费3.2亿元，同比增长5%以上，农业科技贡献率达68%。

（三）配套装备全面提升，构筑智慧农业新高地

大型喷灌机、精量水肥滴灌一体机、无人机等机械设备配套齐全，耕、种、管、收实现全程机械化，建成全国主要农作物生产全程机械化示范区，马铃薯耕种收综合机械化率达97.88%。大力推广绒山羊一年两胎或两年三胎高频密产羔及双羔生产技术，配套推广羔羊强制补饲及早期断奶技术，双羔率达137%，一年两胎或两年三胎占到89%，羔羊断奶提早15～30天，绒山羊年繁殖率达到162.3%。开发农品商城、农机共享、农技学堂、智慧畜牧等9大服务应用小程序，打造优质电商平台，邀请知名网络达人开展直播带货，实现主导产业从生产、加工到供应、营销"一网覆盖"。依托规模化种养基地建成数字农场、数字养殖场，对生产全过程进行智能化管理，推动全区农业数字化、智能化发展，农业信息化水平全国领先。

四、强化绿色发展，提升质量安全

产业园围绕陕北农牧交错地区生态保护和农业产业持续发展双重目标，开展农林牧产业间品种、数量、质量合理配置关系的研究，探索、总结、推广产业间互动发展的生态循环模式，减少农业废弃物排放，实现了农业废弃物无害化处理和资源化利用，绿色发展卓有成效。

（一）构建绿色低碳循环发展机制

推行绿色生产方式，实行"马铃薯玉米苜蓿轮作倒茬，玉米苜蓿饲羊肥羊，羊粪便还田肥田"有机衔接的种养大循环模式。全面推行"一控两减三基本"，实施水肥一体化节水灌溉技术，节水灌溉覆盖率达80.73%。开展测土配方施肥，推广绿色防控技术，化肥和农药利用率提高到40%，农药化肥施用强度为10.94千克/亩。农业废弃物资源化利用率达96.2%，农业环境问题得到有效治理。积极推广种养结合型家庭农牧场和专业大户经营模式，绒山羊适度规模养殖经营水平提升到68.7%，白绒山羊生产经营模式正逐步转变为种养结合型适度家庭农牧场模式，养殖业提质增效绿色发展成效显著。

（二）提升农产品质量安全水平

园区内纳入农产品质量安全追溯管理系统的生产经营主体达82％，食用农产品合格证、肉羊产地检疫证和质量追溯二维码实现全覆盖。良好农业规范认证15家，有机农产品10个，绿色食品和有机产品认证面积13.57万亩，"两品一标"农产品占比达42.4％。病死畜禽无害化处理率达100％，农产品质量安全抽检合格率达100％，园区成为全国农产品全程质量控制技术体系试点区。

（三）补齐污染物资源化处理短板

产业园所有畜禽规模养殖场配备了粪污处理设施，畜禽养殖粪污通过堆肥发酵等处理，资源化利用率达100％；建成病死动物及其产品集中无害化处理中心1处，在各乡镇及畜禽规模养殖场建成投运病死动物暂存点12个，病死畜禽无害化处理率达100％。推行"一村（组）一圈舍"养殖模式25个，并带动农作物秸秆加工饲料化利用率提升至90.5％，农村人居环境得到明显改善。引进陕西榆林协创资源再生有限公司、好禾来等进行废旧农地膜、废旧PE塑料、畜禽粪便、秸秆等农业废弃物回收加工再利用工作，补齐农业废弃物本地资源化、无害化和可追溯化的处置短板。

五、创新机制，强化联农带农

产业园引导家庭农场、农民合作社、农业产业化龙头企业等新型农业经营主体发挥"领头雁"作用，重点通过股份合作等形式入园创业创新，发展多种形式的适度规模经营，实施新型农业经营主体培育、"双创"孵化平台建设工程，为农民通过股份合作等方式参与分享二三产业增值收益，为构建利益联结、共享机制提供了有力保障，联农带农成效显著。

（一）机制多种联农

产业园结合深化"三变"改革、"三权分置""一户一田"改革，盘活土地资源，创新联农带农激励机制，推动发展合作制、股份制、订单农业等多种利益联结方式，园区企业通过与基地农户、农民专业合作社建立"保底＋分红"的收益分配模式，实现了农户、村集体与产业化龙头企业间紧密的利益联结机制。培育、引进和建成联农带农新型经营主体239家，其中国家级农业产业化龙头企业1家、省级13家、市级51家，省级农业产业化联合体9家，省级、市级农业园区37家，市级以上农民专业合作社55家、市级以上家庭农牧场76个，成立农村集体股份经济合作社403个，有100%的农户参与到股份经济合作社，带动村集体经济收入增幅达23.3%。

（二）模式多样带农

总结形成"企业＋股份经济合作社＋农户""产业联合体＋农户""股份经济合作社＋农户""乡镇合作总社＋股份经济合作社＋农户"等9种联农带农模式，鼓励农民以土地资源入股，专业合作社开展生产标准化管理、规范化服务，企业负责统一经营及品牌打造，提升全产业链价值，实现销售利润后进行二次分红，带动农民收入稳步提升，达到互利共赢的目标。园区企业为社会提供就业岗位3.5万个，吸纳返乡农民工就业1 000余名，带动农民就业人数达7.6万人。其中陕西新中盛采取托管村集体养殖场方式，托管村集体养殖场3个，饲养规模达3万余只。

（三）政策多台惠农

制定出台《榆阳区支持现代农业发展若干政策》，优先安排园区农产品加工业用地，地价按所在地土地等级相对应工业用地最低价的70%执行，提供加工业用地1 600多亩。出台《榆阳区支持民营经济高质量发展实施意见》《榆阳区招商引资优惠政策九条》等政策，农业项目投资规模1亿元以上的享受用地"七通一平"，给予基础设施建设奖励，奖励数额不低于项目办理前期手续时所缴纳费用的区级净收益部分。成立农投公司，区政府注资2亿元，与银行合作组建产业园开发投融资平台，撬动社会资本超过10亿元。创建工作以来，区财政已累计投入财政资金8亿元，多渠道筹集金融社会资本累计40亿元，财政投入与产业园总产值的比值为10.67%，金融社会资本与财政投入的比值达到5∶1。实施"民营企业大学生派遣计划"，每年选聘50名优秀大学生到民企工作。目前已形成由政府引导，担保、保险机构支持，多企业、多主体共同参与的建设体系，切实解决了用地难、贷款难、招才难、现代要素集聚难等问题。

(四) 管理多举为农

一是健全组织机构，成立了由区委书记和区长任双组长的创建领导小组，统筹协调资金、土地、人才、政策落实等重大事宜，根据工作需要不定期召开推进协调会，研究解决了项目落实、资金配套、土地保障等重大问题，确保了创建工作的顺利推进。

二是完善管理运营，成立了榆阳农业投资公司，主要职能为建设产业园投融资管理平台，加强与商业银行战略合作，放活政策，扩大融资范围和额度，解决企业融资问题。以财政资金和社会资本共建的方式成立产业发展引导基金，引入基金管理运营企业，丰富投融资功能。成立了榆阳马铃薯、草滩羊产业发展协会，提升发展两大主导产业。

（刘王叶　李荣荣　马艳利）

立足资源优势　推进魔芋产业循环发展

岚皋县省级现代农业产业园

　　岚皋县现代农业产业园位于陕西省南端、大巴山北坡。产业园总面积1 082.17平方千米，占全县总面积的55.29%，主导产业魔芋种植面积12.98万亩，年产值17.04亿元。2020年以来，岚皋县抢抓创建省级现代农业产业园历史机遇，立足生态资源优势，形成了"一轴（以岚河为轴心，建成了商品魔芋生产基地、鲜魔芋加工基地、魔芋科技创新基地和魔芋文化展示基地）两翼（以蔺河、滔河为两翼，集中打造魔芋种芋繁育基地）四区（富硒魔芋产业发展引领区、现代技术和装备加速应用集成区、一二三产业深度融合示范区、联农带农机制体制创新示范区）多园（集中建设了省级、市级和县级标准化示范园区15个）"的大产业格局，着力推动了魔芋产业提质增效。"岚皋有一宝，富硒魔芋好"，魔芋产业已经成为岚皋县域经济的一张亮丽名片。

岚皋县南宫山镇御口韵茶叶种植基地

一、"三个一"定位，夯实了产业园建设基础

（一）坚定一个决心——主攻魔芋产业

岚皋县发展魔芋产业已经有30多年的历史了，曾历经三起两落的考验，县委、县政府立足县情实际，把握市场需求，不畏艰难挫折，始终咬定魔芋产业发展不动摇、不折腾，不搞"另起炉灶"，一届接着一届干，一以贯之抓发展，这种持之以恒的态度为做好产业园奠定了坚实的基础。

（二）探出一种模式——林下魔芋种植

长期以来，魔芋"两病"一直是制约产业健康发展的世界性难题。为了打破这一瓶颈，岚皋县魔芋科技人员在省、市相关院校和魔芋科研机构的指导下，先后探索出林下种植、堆坑栽培、大田垄作及浆果有性繁殖等一系列生产技术成果。其中"林下魔芋高效生产技术研究与应用"催生形成了中国魔芋产业发展"岚皋模式"。这一模式的基本内涵是"林下种植，健康栽培，循环发展"，核心是利用魔芋这种未经驯化的半野生植物属性，让它"从林中来，到林中去"，在林田之间循环，规避"两病"，节本增效，正是这一技术创新成果打破了魔芋产业发展的技术瓶颈，实现了历史性的大跨越。

（三）坚持一个方向——生态循环发展

循环发展既是经济社会发展的必然要求，也是岚皋魔芋产业持续健康发展的经验总结。岚皋在魔芋产业中探索推进"三个循环发展"：一是推广"林—芋—蜂—菌"立体循环发展，二是探索"猪—沼—芋"生态循环发展，三是实行林田之间健康循环发展。同时，岚皋还着力推动魔芋产业与生态旅游产业互促融合发展，把魔芋产业纳入生态旅游产业之中，在景区景点沿线发展林下魔芋，建设设施魔芋示范园，发展观光农业；鼓励农家乐开发各种魔芋菜肴，打造更具岚皋特色的农家饮食；支持企业研发富硒魔芋保健食品、药品，使其成为岚皋最具代表性的旅游商品，让游客观魔芋园地、品魔芋菜肴、购魔芋产品。

岚皋县林下魔芋种芋繁育基地

二、"四个化"做法，加速了产业园产生巨变

（一）规模化发展基地，为企业提供了充裕原料

以蔺河、滔河为重点，集中打造林下育种"样板工程"和商品芋"培育工程"，建成了优质魔芋原料生产基地 15 个，累计面积达 12.98 万亩，产量 14.057 万吨，覆盖了 10 个重点镇 45 个村，种植规模 10 亩以上的产业大户 1 589 户；规模化发展基地为加工企业提供了充裕的原料。

（二）标准化开展加工，为市场提供了丰富产品

分区域建设魔芋初加工厂 4 个、建设精深加工厂 5 个，产品加工率达到了 71.2%。在已有魔芋粉、魔芋挂面和魔芋清水食材加工的基础上，加大魔芋休闲食品、魔芋减肥产品和魔芋功能性饮品等高附加值的产品研发，现已开发 6 类 21 个品种，实现了产品多元化。严格要求魔芋加工企业开展标准化生产，积极支持企业开展产品出口通用的 FSSC 22000 认证和 HACCP 认证，积极鼓励企业开展区域性 ISO 9001 质量管理体系认证、欧盟认证等；聚力创建专精特新企业和质量标杆企业，为市场提供丰富的高品质产品。

（三）品牌化进行营销，为产品提供广阔市场

岚皋县政府在集中培育国家地理标志保护产品、国家商标局注册商标、国家农业标准化示范区、全国魔芋产业重点县、全国"一村一品"示范村和中国魔芋之乡6个国家级品牌的基础上，首次向全国公开征集到了"岚皋有一宝，富硒魔芋好"的形象宣传口号；岚皋魔芋加工企业通过多年的奋斗，也辛勤培育了"明珠牌"精粉和"烛山牌"雪魔芋两个省优企业品牌。这些来之不易的成果，引起了社会的广泛关注，人民网、《陕西日报》和中央、省、市电视台等主流媒体先后20余次报道岚皋魔芋建设经验和增产增收典型案例；新华社以《魔芋出山记》为题报道岚皋魔芋。品牌化营销为岚皋魔芋产品提供了广阔的销售市场。

（四）产业化深度融合，为农民实现了增产增收

立足产业园资源禀赋和产业基础，着力构建一二三产业深度融合的产业体系。重点通过持续开展"百园提升"和"十百千万"新型主体培育等举措，产业基地得到了快速发展，产业园专业合作社数量由32个增加到50个，入园企业由14家增加到26家，家庭农场和种植大户由653家增加到782家；建成省级园区1个、市级园区24个、县级园区28个，组建产业化联合体4个。同时还催生了部分农民转地建园"收地租"和部分农民脱产务工"挣工资"实现增收。2022年魔芋产业全县有3 021户（含魔芋经营主体34户），9 667人种植魔芋，农户人均增收3 260元。

三、"五个抓"措施，提供了产业园要素保障

（一）强化组织抓领导

岚皋县委、县政府高度重视现代农业产业园创建工作，及时成立了县长任组长，县委副书记、县政府分管副县长任副组长，县农业农村、财政、发改、乡村振兴、自然资源、水利、林业等部门负责同志为成员的创建工作领导小组，统筹推进全县创建工作。领导小组多次召开专题

会议，研究产业园创建有关工作，将其作为富民强县支柱产业，明确工作职责和任务分工，积极推动重点工程项目的实施，形成共同推进现代农业产业园创建的强大合力。

（二）强化责任抓落实

围绕"五个一"工作模式抓落实，即一村一名科级领导包抓，一村一个魔芋协会或魔芋专业合作社，一村一名技术员，一村一份订单合同，一村一套考核奖惩办法。将科级领导和年轻科技后备干部放在重点村和加工企业进行锻炼，实行绩效与津贴、奖金、提拔任用和职称晋升相挂钩，建立了领导挂镇、干部包村、村干部带头示范的工作机制，将工作任务细化、量化到人头，监督到时限，充分调动了干部抓魔芋产业的积极性。

（三）强化项目抓投入

实施项目带动战略，按照"渠道不乱，用途不变，捆绑使用，各记其功"的原则，将发改、乡村振兴等部门的涉农资金进行捆绑使用，作为产业园建设关键措施来抓。自项目创建以来，岚皋县政府已经累计投入资金30 792万元用于魔芋产业发展，重点支持产业园区的基础设施建设、产业基地建设，以及产品加工、品牌建设、市场培育、绿色发展及质量安全管理体系建设。同时，还积极争取市政府支持，开展魔芋政策性保险试点工作，累计投入保险资金达310余万元，已经为农户理赔魔芋和茶叶损失550余万元。

（四）强化科技抓服务

与中国农业科学院、西南大学、西北农林科技大学和安康学院4家科研院所建立了合作关系，集中解决产业园良种选育、高产栽培、病害防治和新产品研发等技术难题；采取"送出去、请进来"的方式培训农技人员470人次；坚持集中与到户指导相结合的方式，培训农民11 400人次，培训农村实用人才782人，培育新型职业农民366人；借助农业科技110服务平台，将魔芋技术干部直接实行分镇包园区进行技术服务，做到了技术需求"一对一"全覆盖。

（五）强化督查抓考核

坚持把严督实考作为产业园发展重要举措，健全完善产业园发展组织构架，完善魔芋产业奖补政策和魔芋产业考核办法，分级、分项目、分单位制定责任清单；分阶段、分农时节令开展督查检查，将平时工作情况列入全县目标责任考核，强化结果运用，保证目标任务落到实处。

（刘列平 王晓兵 刘瑞婕）

循环模式引领农业转型升级

旬阳市省级现代农业产业园

旬阳市位于陕南腹地，旬河、汉江贯通全境，随着国家南水北调水源涵养区和国家生态主体功能区建设的加快推进，如何在产业发展的同时确保一江清水安全进京成为市域经济发展的首要任务之一。该市立足资源特点和产业基础，以生猪和魔芋为主导产业规划省级现代农业产业园，规划面积20万亩，辖13个镇，通过持续推进示范创建，实现了"畜沼园"循环模式从庭院经济向跨区域合作、集群式发展转型升级，走出了节能高效、产品安全、环境友好的可持续发展之路，产业园生猪年饲养量达到36万头，占全市饲养量的64.7%。

生猪养殖基地

一、建强四项机制

（一）资源捆绑机制

市财政每年整合涉农资金2 000万元以上，对园区范围内生猪和魔芋产业进行重点扶持；金融机构开发了"宜农贷"等产品，为养殖经营主体提供资金支持，多元化的投入和社会各界的广泛关注，极大地推动了畜牧产业发展；农业农村部门持续强化新型农业经营主体培育，为争取上级扶持创造良好条件，产业园共培育生猪和魔芋类新型农业经营主体430个。落实省级奖补项目资金1 000万元，完成地方政府整合配套2 120万元，撬动社会资本5 188万元。2023年，新出台《旬阳市县级现代农业园区认定管理办法》，决定每年择优认定15个以上旬阳市级园区，并落实每个园区20万元的奖补资金，引导社会资本进一步向园区聚集。

（二）服务保障机制

旬阳市成立了分管副市长挂帅的现代农业产业园创建工作领导小组，汇聚部门合力服务推动产业园示范创建工作。旬阳市农业农村局配备了专兼职专业技术人员93人，推行畜牧技术人员下乡、进村、到场、入户以及畜牧干部"一联三"服务机制，为产业园建设提供了强有力的技术支撑。落实了政策保险兜底，连年落实政策性惠农保险能繁母猪2.2万头、肯肥猪16万头以上，出现险情能够及时理赔，2021—2022年全市共理赔仔猪7 410头、育肥猪8 053头、能繁母猪1 780头，理赔资金总额达855.23万元。

（三）链群同构机制

按照"育龙头、强链主、补链条、搭平台、保要素、建集群"的工作思路，紧盯"延链、补链、强链"核心任务，坚持生猪和魔芋产业全产业链一体化推进，着力在纵向延链条、横向建集群上下功夫。聚焦以润农现代农业园区为重点的生猪繁育养殖、饲料加工产业链，以仕翔、鸿景等畜牧园区为重点的生猪养殖、有机肥加工产业链，以祝尔慷富硒食品有限公司为重点的腊肉干、香肠等产品加工营销产业链，整合倾斜资源，加快构建以群促链、链群同构、纵横衔接的产业架构。

（四）利益链接机制

为了带动区域经济全面发展，在产业园建设中主推四种联农带农方式。一是订单生产型，即对有意愿、有能力自主发展生猪养殖和魔芋种植的农户，由经营主体统一品种和质量标准，签约落实保底价格回收订单。二是送仔还猪型，即对缺资金、缺技术但有意愿发展的农户，经营主体免费提供仔猪、种芋，在产品回收时扣除相关费用，通过先送后还服务实现合作共赢。三是就近务工型，即对于基础设施建设、饲养、种植等内容，由经营主体就近提供就业岗位，吸纳以脱贫户为重点的农户实现工资性收入。四是股份合作型，即由村集体经济组织负责实施的项目，资产及利润归集体经济组织所有，还可获取持续发展形成的经营性收入。

二、提升四种模式

近年来，旬阳市持续推广"畜沼园（粮、桑、菜、芋、果、林）"农业循环经济模式，以沼气为纽带，种、养、沼"三结合"，圈、沼、厕、厨、园"五位一体"建设，以沼代燃、以沼促畜、以畜养沼、沼液浇园、沼渣肥田、种养互动，最终带动粮油、魔芋、蚕桑、蔬菜、林果业等农业产业循环平衡发展。在产业园创建进程中，"畜沼园"循环发展模式得到进一步优化，从庭院经济向区域化、集群化发展延伸，衍生出四种升级版。

一是家庭适度规模循环发展。通过园区引领扶持，带动群众以户为单位自主发展生猪养殖和魔芋种植。农户根据养殖数量和土地资源条件，调整家庭种植结构，种植高产红苕、玉米等饲料作物，确保60%的饲料自产自给，降低养殖成本，抗御市场风险，实现了产业增收，提高了资源利用率，同时也奠定了产业集群化发展基础。金寨镇郭家湾村在旬阳市吉祥畜牧园区的引领下，80余户群众采用循环发展模式从事生猪养殖，将适度规模聚合为大群体，成为全市生猪重点村。目前，有条件、有意愿的农户灵活采用圈、沼、厕、厨、园"五位一体"模式发展家庭养殖，共有 4.2 万户。

二是园区内"畜沼园（粮、桑、菜、芋、果、林）"循环发展。规模养殖场以沼气为纽带，种、养、沼"三结合"，圈、沼、厕、厨、园"五位一体"建设，实现一业带多业。棕溪镇宏发畜牧现代农业园区通过采取"生猪养殖—林下魔芋—种植—沼液肥料还田"的循环发展模式，年出栏生猪 6 000 余头、种植魔芋 200 余亩，年收入 700 余万元。

三是跨区域实现种养循环发展。通过推行订单生产、土地流转、农企合作等方式，在园区之间、园区与农户之间，围绕饲料生产供应、魔芋代耕代管、仔猪代养等形成利益共同体，促进产业规模突破园区、镇村地域，形成产业集群。

四是"三产"融合实现资源循环利用。为了把旬阳生猪产业推向可持续发展的良性轨道，产业园在规划时就把饲料、有机肥等生产纳入补短板环节予以支持，助推润农饲料加工厂、润新有机肥厂完成技改扩建，加快旬阳养殖与粪污资源利用形成闭环产业链。

三、实现四大突破

（一）产业集群效应凸显

以省级现代农业产业园创建为契机，推动全市规模场标准化水平不断提高，引领区域形成以生猪产业为主导的集群发展格局，尤其是产业园所辖的城关、白柳、金寨、甘溪、赵湾、蜀河、关口、棕溪等 13 个镇，已经发展成为全市畜牧强镇，生猪和魔芋产业从家庭适度规模发展向集群式迈进，标准化水平不断提高。"大跨度圈舍、自动化饲喂、负压式通风、全漏粪式地板、专家式服务、信息化管理"为一体的现代畜牧业装备技术，林下健身栽培、庭院种植、安魔 128 等魔芋高效生产模式和品种，都在产业园得到广泛应用，建成省级标准化畜禽示范场 5 个、市级航母现代农业园区 2 个、市级园区 7 个，年生猪饲养量稳定在 36 万头以上，占全市饲养量的 64.7%。

（二）良繁体系基本健全

为了确保产业长效持续发展，在创建工作中支持种公猪站进一步完善养殖设施，年配种达到3万头以上，配套在21个镇建成镇级生猪人工授精站、215个输精点，发展50头以上良繁场109个，能繁母猪存栏2.5万头，养殖大户自繁自育率达90%、良种率达100%。三元杂交技术、人工授精、饲草饲料生产、标准化养猪、疫病防控、基础设施建设等新技术得到广泛应用，市、镇、村、场（户）四级生猪良繁体系基本健全。通过培育"自繁自育户"，推进"自繁自育村"，加快发展"自繁自育镇"，奠定了全市实现"自繁自育"目标的基础，切实把旬阳生猪产业推向可持续发展的良性轨道。

（三）产业链进一步延伸

截至2022年底，全市共发展生猪养殖及产品加工龙头企业7家、生猪产业联合体2个；培育以生猪为主导产业的农民专业合作社212个，其中认定国家级示范合作社3个、省级示范合作社5个、市级示范合作社2个；生猪产业省级家庭农场8户；建成各类中小型活畜交易、畜禽产品流通市场25个，发展贩运大户56户。生猪和魔芋产业已注册"山魂梦""懒妈妈""汉芋春"等商标30余个，"祝尔慷"系列品牌被认定为陕西省著名商标，与阿里巴巴、京东、咸阳机场等达成长期销售协议；"秦宏园"牌富硒猪肉被陕西省农业农村厅认定为无公害农产品，且硒含量达到0.1毫克/千克，符合富硒产品标准；陕西润农实业发展有限公司被陕西省饲料工业办公室认定为全省饲料质量安全管理规范的示范企业，其饲料品牌"京汉润农"为陕西省著名商标，产品在陕西省、四川省销路稳定。

（四）合作共赢厚植潜力

通过引导农民专业合作社与农户合作，实现"小规模、大群体"。桐木镇丰茂养殖场为青山村80余户群众建设圈舍，实行农户代养、企业订单收购，将适度规模聚合为大群体。在落实产业发展项目时，将带农联农机制列入项目建设内容，明确绩效目标，带动成效纳入项目验收，作为兑付财政项目资金的重要依据，极大地提升了全市生猪规模养殖和魔芋产业化发展水平。在省级产业园项目中，财政奖补资金形成的固定资产进行入股，不仅带动脱贫户200户实现户均年增收500元以上，还形成固定资产的财政奖补资金折股量化给村集体经济组织527万元，仅此一项村集体就年增收26.35万元。由于联农带农成绩突出，产业园内润农、吉祥等园区业主被表彰为脱贫攻坚优秀企业家、劳动模范；新冠疫情期间，产业园内30多个经营主体向西安外国语大学捐赠价值13.8万元的蔬菜、肉类，西安外国语大学对旬阳市农产品进行定向采购，合作共赢效应进一步放大、深化。

（彭红梅　罗斌　李磊）

"15211"生态养殖模式
擘画乡村振兴新蓝图
榆林市横山区省级现代农业产业园

　　榆林市横山区省级现代农业产业园位于陕北白绒山羊优势区的核心区。陕北白绒山羊是三大国审绒山羊品种之一,羊绒细长享誉全球,羊肉细嫩飘香国宴。2022年底,全区羊子饲养量达到280.2万只,实现产值15亿元,根据多年实践经验,探索出"15211"特色生态养殖模式。"1"指每户建设一个标准化养殖场;"5"指每户饲养50只能繁母羊;"2"指每户养殖需要2个劳动力,种植20亩优质牧草;"1"另指每年出栏白绒山羊100只以上;"1"另指养殖户每年确保纯收入10万元以上。横山区通过优化产业布局、依靠科技创新、强化产品研发等途径,实现控量增效,形成人与自然和谐共生的羊产业高质量发展新格局。

马家梁陕北白绒山羊产业园养殖小区(分户饲养)

一、瞄准优势产业，打造标准化养殖场

横山是陕北白绒山羊的主要育成区和主产区，先后被授予国家山羊板皮基地县、绒山羊标准化生产示范县、陕北白绒山羊育种基地县和主产区、中国百县优势特色陕北白绒山羊生产基地县等称号，具有良好的产业发展基础。横山区将羊产业定位为头号强农富民工程，在发展规划、项目带动、财政奖补等方面，出台了《榆林市横山区"十四五"农业农村现代化重点专项发展规划》《榆林市横山区羊产业发展规划》；围绕用地保障、金融服务、科技创新应用、人才支撑等方面，出台了《关于调整2021年部分涉农整合资金项目计划的通知》《关于下达2022年区级苏陕结对援助资金项目计划的通知》《榆林市横山区培育农业人才助力乡村振兴实施方案》等政策性文件；严格落实"封山禁牧、舍饲养羊"保生态、惠民生、利发展、图长远的政策。配套解决草棚圈舍，做到每户建设一个标准化的养殖场，选址要背风向阳、地势高燥、排水畅通，采光与通风条件良好，水源充足、水质良好，交通、供电、网络等基础设施完备，占地面积按每只能繁母羊15～20平方米计算，采用封闭舍或半开放羊舍类型，严格羊舍技术规程，形成良好的产业发展势头。

二、科学确定养殖规模，实现产业化经营

组建榆林市第一个羊产业发展服务中心，成立市级专家工作站，加强与西北农林科技大学、榆林学院等高校合作，开展羊产业全领域科学研究，探索出"适度规模、综合收益"的养殖模式。据调查，每户饲养50只能繁母羊较合适，采用良种良法，坚持"引进、推广、提高"并重的原则，实现优质优价，建立联合育种协作机制，兼顾绒肉性状，全面推广超细超长绒型、体大快长型、高繁殖率型"三大品系"陕北白绒山羊养殖，持续抓好多胎新品系培育，在种植秸秆、加工饲草、舍饲养羊中有效化解草畜矛盾，既解决了饲草的高效利用，也解决了适度规模养殖疫病防控问题，有西北农林科技大学等知名院校专家组成的"专家工作站"在技术上加持，适度规模养殖陕北白绒山羊成为横山区农村发展

新亮点、农业增效新路径、农民增收新动能。

三、坚持种养结合，促进产业融合发展

横山区坚持以草为本，以羊为业，走生态养殖之路，在"山"上做文章，在"草"上动脑筋，在"羊"上下功夫，在"业"上找出路，经过几十年的艰苦创业，小山羊引领了脱贫致富"大产业"，全区耕地面积170万亩，草地面积239万亩，其中天然草地185.5万亩，人工草地5.7万亩，其他草地47.8万亩，羊子承载量在300万只左右。在"以草定畜"的产业政策下，每户只需2个劳动力，在条件允许的情况下，种植20亩优质牧草，完全能满足"50只能繁母羊+100只出栏羊子"的饲草供给需求。全区范围内畜禽粪便、秸秆、农产品加工剩余物等综合利用率达85%以上，实施智能水肥一体化灌溉设施，农田灌溉水有效利用系数提高到0.728，已经形成肥粪还田、秸秆喂羊的小型农牧循环系统，蹚出了一条生态改善、产业发展和社会效益明显的农民致富增收新路子。

组建区级品牌管理中心，作为产品溯源体系的管理后台，同时监督管理公用商标的使用以及"横山羊肉"的统一设计、分割、包装和市场销售。做好横山羊肉品牌宣传，推进产品由特色化向产业化转变，"陕北横山羊肉""陕北白绒山羊"两个公用商标注册已获批使用，成功注册"双城羊肉""香草情""香草园"等横山羊肉商标8个，推出了囊括40余道羊产品菜谱的"横山全羊宴"；3家屠宰加工企业自主投资研发新产品，部分产品已上市销售，横山羊肉影响力持续提升。

四、加速科技转化，助推产能高质量

园区与西北农林科技大学、榆林学院、榆林市陕北白绒山羊研究所建立了合作关系，成立专家大院和工作站，建立首席专家制度。聘请8位学科带头人主持项目，24位基层相关专业技术人员配合，从陕北白绒山羊规模化设施养殖入手，研究开发陕北白绒山羊高效养殖技术规范和标准。通过科技示范、科技培训和技术指导，研究和普及科学饲养和规范化管理技术，实现良种快速扩繁，增加农民养羊收入。陕北白绒山羊养

殖的比较效益需要在现有绒山羊群体的基础上进行，只有搭配合理的羊群结构，产值才能实现最大化。按照能繁母羊数量50只计算，实践经验表明，培育一年双羔、两年三胎品种，年均产羔100只以上，年饲养规模稳定在150只以上，年均出栏商品羊在100只左右。按照"向科技要品质、向模式要效益、向融合要附加值"的发展路径，初步实现了品种良种化、种养标准化、生产规模化、产加销一体化格局。

家庭适度规模养殖场

五、坚持"五统一"，实现农户增收

横山区加强"五统一"（统一品种、统一育种、统一防疫、统一屠宰、统一销售）工作，建立"小资金撬动大投入、小山羊带动大产业、小农户融入大市场"的养殖机制，实行农户自筹自建，政府适度奖补的方式，投资少、收益高，为羊产业持续、健康、稳定发展奠定了坚实的基础。在园内深入推进良种繁育推广、标准化养殖生产、饲草供应、疫病防控、粪污综合利用、产品加工、羊产业品牌、人才队伍、产品销售

养殖户丰收后的喜悦

流通、"一县一业"和示范乡村十大体系建设。2022年，全区羊肉产量2.5万吨，羊绒毛产量2 500吨，按照每户年均出栏商品羊100只左右、年均销售羊绒100千克计算，养殖户年纯收入稳定在10万元以上。预计到"十四五"末期，全区羊子饲养量控制在300万只左右，产值达到100亿元，打造陕西第二个可与洛川苹果媲美的百亿级涉农区域品牌，让横山羊品牌成为陕西又一个世界知名农业品牌。奋进中国式现代化新征程，推动"羊经济"行稳致远。横山区羊产业发展蓝图已绘就，号角已吹响，奋斗正当时，一幅产业旺、生态美、农民富的乡村振兴壮美画卷正在徐徐展开。

（梁文国　王瑞环　雷鸣东）

生态循环利用 "三产"融合发展

长武县省级现代农业产业园

长武县现代农业产业园规划面积1.3万亩,其中核心示范区2000亩,辐射带动区1.1万亩。园区总体划分为三大功能区,分别是有机双矮苹果示范区、良种羊繁育养殖区和农业废弃物资源化循环利用处理区。坚持生态循环利用,"三产"融合发展,立足苹果主产区,围绕苹果全产业链,运用生物工程技术,整合生态资源,开发生态产品,发展生态产业,优化生态环境,提高生态效益,走出一条"有机苹果种植+苹果贮藏加工+良种肉羊繁育+副产物循环利用"的生态循环经济发展模式。

产业园巨家核心区

一、树立标杆，打造生态循环产业园区

园区利用农作物秸秆、果渣、牧草等副产物加工生物饲料，以生物饲料饲养良种羊，用羊粪垫料及农业废弃物生产有机肥和水溶肥，肥料用于苹果、蔬菜种植，从而实现资源循环利用和能量高效转化，形成了"生态立本、科技引领、产业融合、循环发展"的生态农业循环经济发展模式。

一是有机双矮苹果示范区。示范区围绕当地优势特色产业，高起点、高标准、高水平组织实施。其范围涉及巨家镇四合、马家、巨家等多村，其中四合核心示范区一期流转土地1 000亩，引进栽植瑞阳、瑞雪、密脆、秦脆、维纳斯黄金、华硕、瑞香红等20多个优良品种。栽植采用机械开沟、覆膜栽植、立杆扶植、围栏管护等标准化栽植管理技术，果树砧木采用矮化中间砧M26和自根砧M9两个类型，树形采用高纺锤形。配套建设水肥一体化智能灌溉控制系统，实现无人值守，自动灌溉。远程可视化管理系统，实时全面监测果园，精准把控生产问题。果园小

巨家核心区苹果喜获丰收

型气象监测站，实时监测果园空气温湿度、光照、降水量、风速、风向等数据，并通过设定相关报警阈值，实现即时报警，精准控制种植环境指标。果园土壤墒情监测系统实时监测土壤水张力、土壤温湿度、水位、溶氧量、pH等，通过设定报警阈值，当土壤数据异常时，系统自动发出预警消息提醒工作人员。病虫害监测预警系统，远程掌握果园虫情，无公害诱捕杀虫。技术上聘请果树专家全程指导，在水肥一体化、果树修剪、病虫害防治、果园生草、新品种选育等方面实行标准化管理。园区苹果注册了"六生绿资"商标；2018年11月，"六生绿资"牌苹果荣获第二十五届中国杨凌农高会"后稷奖"；2020年9月，"六生绿资"牌苹果被认定为绿色食品A级产品；2021年10月，示范区苹果取得有机产品认证证书。

二是良种羊繁育养殖区。养殖区建成标准化羊舍11座，占地面积3 000平方米，新建种公羊舍1栋300平方米、病羊隔离舍60平方米。配套建设草料加工粉碎区及草料存储库、畜医室、消毒室等。引进萨福克、杜泊、胡羊等肉羊新品种，以萨福克、杜泊种羊作为父本，以现有高代杂种母羊和部分胡羊为母本进行杂交繁育，成功研发繁育纯种萨胡一代、杜胡一代等优良品种，并为周边脱贫户提供杂交商品肉羊羔。2022年，养殖区存栏基础母羊2 000多只，年内可出栏肉羊2 000只以上，实现产值400多万元。该区示范推广光伏发电标准化羊舍建造，配套饲养管理、羔羊高效育肥、疫病防治、饲草饲料调制与贮藏、畜产品质量安全等技术，实现标准化肉羊养殖。2018年经专家组验收通过被认定为省级畜禽养殖标准化示范场。

三是农业废弃物资源化循环利用处理区。处理区已建成千吨饲草料加工厂、万吨生物有机肥加工厂、千吨水溶肥加工车间、千吨青贮窖。区内大量收集县内秸秆、菌棒、果树枝条、畜禽粪便、垫料等农业废弃物，与长武县20多家养殖大户签订了畜禽粪污回收协议。通过资源化、无害化处理，降低能源消耗，减少污染排放。饲草料加工车间占地面积500平方米，车间采用钢架结构。购置安装饲草料粉碎机4台、饲草料打包机1台、自走式青饲料收获机1台，年可生产饲草料1 200吨供良种羊繁育养殖场用。

有机肥加工车间建设原料库600平方米、生产车间1 000平方米，成品库500平方米、堆肥场1 500平方米。购置安装有机肥生产线2条，年可生产生物有机肥5万吨。水溶肥加工车间安装全自动水溶肥生产线一条，每年可生产水溶肥1 000吨。

二、智慧农业，引领生态循环产业升级

智慧农业的规划包括农业"四情"（墒情、苗情、虫情、灾情）监控、农产品质量安全追溯、云种养系统三大模块，立体构建农业服务体系，助力"互联网＋现代农业"示范区的打造。

一是农业"四情"监控。打造"四情"监测预警系统，以先进的无线传感器、物联网、云平台、大数据以及互联网等信息技术为基础，由墒情传感器、苗情灾情摄像机、虫情测报灯、作物生理生态监测仪以及预警预报系统、专家系统、信息管理平台组成。利用智能传感设备实时全面监测果园，精准把控生产问题。高清摄像头可720度旋转、拉近、拉远，查看园区实时生产情况。根据卫星数据，系统可预报未来72小时气象，进行24小时极端天气、降水概率、大风等异常气象预警。实现手机远程自动控制，无人值守自动灌溉。节水节肥30%～50%，节约人力时间成本50%以上。

亭口万亩智慧果业示范园

二是农产品质量安全追溯。通过物联网技术，可自动采集种植过程的环境、农事记录等数据，无需手动录入。所有环节都可被追溯，档案丰富化。档案包含品牌信息、产品认证信息、农事记录、环境数据、生长期图片、实时视频、加工配送信息等。系统可跟踪统计每一件农产品的扫码数量、扫码地域分布等数据，实时监控农产品市场动态，帮助企业迅速调整市场销售方向和策略。

三是云种养系统。着力打造绿资"云种养"模式，消费者通过认领双矮果树、认养良种肉羊，用手机端从羔羊出生、果树开花结实开始就可全程追溯安全种养，使客户在享受农耕文化体验的同时，吃上安全放心的原产地农产品。

三、精深加工，着力延伸苹果产业链

在加强现有的苹果、肉羊、有机肥料等产业管理，实现产业循环、融合发展的同时，把工作的着力点放在延伸产业链条上，在长武县五里铺征地20亩，建成陕西绿资农产品冷链物流加工产业园区，园区规划建成万吨苹果保鲜冷库5 000平方米，配套安装苹果光电分选线1条，购置苹果运输车辆4台、叉车2台。建成农产品精深加工车间1 500平方米，配套安装精酿啤酒生产线1条。建成农产品包装车间1 500平方米，购置安装食用油灌装生产线、蜂蜜灌装生产线、杂粮真空包装生产线各一条，针对长武县食用油、蜂蜜、杂粮、土鸡蛋、锅盔、花椒、黄花菜、菜油等农特产品缺乏精美包装、食品生产许可证、两品一标等营销条件的实际，解决农产品集中加工包装配送难题。

四、电商赋能，助力企业运营现代化

2020年，建设电商运营办公大楼一座，建筑面积2 000平方米，内设生鲜电商冷链物流配送中心1个，建成电商线下体验展厅、电商直播大厅等，自建"绿资农业商城"电商平台1个，入驻扶贫832、公益中国、淘宝、陕西工会商城、微店等第三方电商平台8个，开发"六生绿资"苹果、羊肉、精酿啤酒、杂粮、蜂蜜、食用油、面粉等系列产品20多类60余种。

五、产业兴旺，推动经济社会发展

建立了"公司＋合作社＋脱贫户"的利益联结机制，引导脱贫群众以订单合同、入股分红、劳务就业等方式参与产业发展，实现稳定增收。

一是订单合同机制。企业与脱贫户签订苹果订单收购协议，通过高于市场价收购农户种植的苹果，使农户和脱贫户增加产出收入。

二是入股分红机制。企业通过流转脱贫户的土地并吸纳脱贫户务工，增加脱贫户财产性收入和工资性收入，实现"一块土地两份收入"。与13个村461户签订了入股分红协议，已累计分红215.82万元，让群众享受到"资源变资产"的巨大收益。其中苏陕协作项目带动全镇300户脱贫户连续分红5年，户均分红5 000元。

三是转移就业机制。企业与脱贫户签订劳动合同，提供就业岗位，增加工资性收入，变"输血"式帮扶为"造血"式帮扶，先后吸纳140个脱贫户在园区务工。

产业园种养结合生态循环发展模式始终坚持"生态优先、保护环境，政府引导、市场运作，统筹推进、科学实施，创新驱动、转型发展"的基本原则，实现资源循环利用、产业融合发展、产品优质安全、效益显著提升、生态环境优美。在种植养殖方面建设种养循环体系，建立种养结对合作，实现标准化、规模化、生态化发展格局；在资源循环利用方面，建成病死畜禽无害化处理体系，畜禽粪污、农作物秸秆资源化利用及农业废弃物回收处置设施。通过试点示范和扩大示范引领发展，探索总结成功经验做法，形成了可复制推广、可持续运营的种养循环整县推进模式，值得在更大范围内推广。

（鱼鹏　崔进）

品牌带动篇

PINPAI DAIDONG PIAN

聚集现代生产要素
推动产业园融合发展
柞水县国家现代农业产业园

　　柞水县国家现代农业产业园位于柞水县中南部，总面积1 480平方千米，涉及小岭镇、凤凰镇、下梁镇、杏坪镇、瓦房口镇、曹坪镇6镇54个行政村，主导产业为木耳。近年来，柞水县坚持把木耳产业做为巩固脱贫成果、衔接乡村振兴的特色优势产业和支柱产业来抓，全力以赴"强科技、扩规模、提质量、延链条、创品牌、拓市场"，着力推进木耳产业高质量发展。产业园依托秦巴山区森林资源丰富、气候温暖湿润地理区位优势，按照"科技支撑、加工带动、提质增效、融合发展"的总体思路，以推进园内不同经营要素相互融合发展为方向，形成了集科技研发、特色种植、产品加工、旅游体验于一体的发展新平台。

柞水县国家现代农业产业园核心区金米村

一、以完善功能设施为基础，营造良好生产生活环境

按照设施建设和产业发展同步的原则，不断改善农村生产生活条件，夯实发展基础，为投资者营造了一个良好的创业环境。

一是着力完善基础设施。整合各级资金向产业园倾斜，全力改善园内基础设施条件，先后修建或拓宽园内通村、通组路27千米，加固河堤19.5千米，新建产业桥梁6座，完成了电网、移动光纤改造，实现了动力电到村，4G光纤全覆盖和主要生产区域移动5G信号全覆盖。

二是奋力搭建科研平台。依托科研院所与龙头企业，开展木耳产业全产业链技术研究，推动科技成果就地转化；与陕西微生物所、吉林农业大学、江南大学等高校院所建立了长期合作关系，建成李玉院士工作站、科技信息服务平台、人才创业孵化平台、科技资源统筹中心、食用菌研发中心等木耳研发平台，成功研发柞水1号至5号5个木耳品种；陕西中博嘉种生物科技有限公司完成金木耳、玉木耳等科技含量高的新品种试种，并在全县得到推广。

三是大力提升服务水平。围绕技术推广、仓储物流、数字赋能等园区服务关键环节，联合阿里云、西北大学建成了全国首家木耳大数据中心，"市场信息、生长监测、农事咨询、质量追溯"等数字化应用100%覆盖园区木耳基地。组建了正科级事业单位柞水木耳产业发展中心，引进木耳专家20名，下派"三区"人才、科技特派员400余名，引导园区9家经营主体成立电商运营事业部，建成柞水京东云仓和金凤两个木耳物流仓储中心，园内公共服务水平得到全面提升。

四是强力整治园内环境。结合农村人居环境整治，聚焦"六清六治六无"①目标，强力推进园内村庄环境整治和秦岭山水乡村建设。累计拆除园内乱搭乱建512处、清理乱堆乱放1 960处、清理乱涂乱画947处，新建污水处理站3个，铺设农村污水管网3 000米。建成人居环境示范村11个，秦岭山水乡村18个，产业园整体生态环境和生产生活条件得到明显改善。

---

① 六清：清道路、清河道、清街巷、清庭院、清圈厕、清田园；六治：治垃圾乱倒、治污水乱排、治棚圈乱搭、治车辆乱停、治柴草乱垛、治粪土乱堆；六无：全域无垃圾、无污水、无塑料、无污染、无危房、无焚烧。

二、以延伸产业链为重点，提升产业附加值

一是持续扩大木耳栽培规模。结合山区地形狭长的特点，推进沟域连片规模发展，打造了西川流域和金米"U"形两个千万袋木耳产业带，建成标准化大棚木耳示范基地42个、地栽木耳示范基地15个，通过建立集中连片示范种植基地，辐射推广种植新技术，持续扩大园内木耳产业发展规模。2022年，产业园木耳栽培总量达到9 500万袋，香菇栽培总量450万袋，适度规模经营率达到80.3%。

二是不断提升产业化经营水平。聚焦木耳工厂化生产、科学化管理和分级化筛选，完成了玉窑、金米等5个菌包厂扩能改建，工厂化菌包年生产能力达到1亿袋。鼓励村集体经济组织参与产品开发、包装营销等生产经营活动，建成标准化木耳加工分选包装生产线3条，同时为陕西中博、金柞水等精深加工企业提供木耳初级产品，将木耳啤酒、木耳酱、木耳益生菌、木耳挂面等16类82种产品推向市场，产业园年加工销售各类食用菌干品4 250吨，木耳产业加工转化率达到80%。

三是着力推动农旅融合发展。按照"种、养、加、游、购、娱"一体化发展理念，坚持走"一三互动、农旅融合"的发展之路。连年在园区举办"柞水木耳文化节"，启动实施了柞水金米田园综合体、木耳观赏园、木耳小镇等一批休闲体验项目，开发了木耳美食十大类52个菜品，成功将西川、金米两个园区核心区打造成3A级旅游景区，建成木耳主题休闲体验点6处，开设品"木耳宴"特色农家乐17家，产业园年游客接待量达30万人次。

三、以政策扶持为驱动，增强主体带动能力

一是强化产业扶持。出台了《全面推进木耳产业高质量发展的决定》《木耳产业发展扶持办法》《木耳产业发展考核点评办法》《柞水县支持产业就业暨发展"五小"经济增加农民收入巩固脱贫攻坚成果助力乡村产业振兴建立扶持办法（试行）》等政策性文件20个，每年整合涉农资金1亿元投入木耳产业，为木耳产业持续高质量发展提供了坚实的政策支撑。

二是强化用地保障。采取租赁、转包、入股、互换等形式从农户手中流转土地经营权，推进园区木耳产业适度规模经营，目前已备案设施农业用地730亩。把产业园重点项目纳入全县建设用地重点保障范围，批准金凤、金柞水等木耳精深加工重点项目用地160亩，采用盘活利用闲置用房等方式在园区优先安排企业所需的仓储、初加工等用地45亩。

三是强化利益联结。大力推行"企业+合作社+农户""支部+集体经济+农户"发展模式，创新推出了木耳"产业奖补""富民贷""价格险"等惠民优惠政策，完善建立了三资入股、租赁分包、产业领养、劳务用工、产品订单、开展服务6种联结方式，并按照互利共赢的原则，让农户与新型经营主体建立合理联结纽带，将农户有效镶嵌在了木耳产业链上，实现了企业、合作社、农户优势互补、多方盈利的良性发展局面。

四、以品牌建设为引领，提升核心竞争力

一是全面应用绿色生产技术。产业园木耳栽培100%普及应用袋料栽培生产方式和喷灌等节水技术。村集体经济与商洛科沃、柞水野森林两个万吨废弃菌包综合利用加工厂建立长期合作关系，产业园废弃菌包综合利用率达到98%以上。

二是全面推行标准化生产。制定发布了柞水木耳产品和技术规程两个标准，落实了木耳生产"五项制度""四项档案"，标准化生产基地覆盖率达到100%。加大"两品一标"认证力度，园内累计完成绿色食品认证19个，产业园"两品一标"认证率达到85%。

三是全面提升农产品质量。建立健全了木耳质量追溯、检测、诚信"三个体系"，加强农产品监管，年抽检农产品50批次，合格率为100%。建立了柞水木耳二维码全程溯源体系，实现木耳产品数字化、"身份证"管理，产业园木耳产品质量安全追溯管理比例达到89%。

四是全面提升品牌影响力。成功发布了"柞水木耳"区域公用品牌，积极组织园内经营主体参加丝绸之路国际博览会、中国国际农产品交易会（农交会）、苏陕协作推介会等重大节会活动。建成金凤、金米两个直播基地，在省内外开办木耳产品直销店63家、协作店21家，线上线下同步推广展示秦岭天下、秋雷等柞水木耳子品牌。"柞水木耳"被纳入第一

批全国名特优新农产品目录，荣获全国绿色农业十佳蔬菜地标品牌、中国农产品百强标志性品牌，亮相国家"十三五"科技创新成就展，入选"十四运"官方特许商品，产业园省级以上品牌达到8个。

木耳精深加工食品——木耳代餐粉

五、以破解瓶颈难题为保障，清除发展障碍

将破解企业发展难题作为园区重要工作来抓，大力开展"百企帮万村"活动，建立了百名局长行长联企业纾难解困工作机制，实时掌握企业运行情况，定期组织开展银企座谈会，破解企业融资难题。推行"封闭式管理、一站式服务"，主动为入园企业和在建项目排忧解难，为投资者提供全方位、全过程的优质服务，对所有入园项目成立帮扶工作组，一对一跟进、全程参与、跟踪服务，及时解决项目建设中出现的困难和问题。园区通过加大重点企业帮扶力度，帮助企业解决人才、市场、资金等发展难题，增强了企业落户的信心，坚定了企业发展的决心。

（周松　党显敏）

重创新促融合　引领县域产业发展

大荔县国家现代农业产业园

　　大荔县国家现代农业产业园主导产业为大荔冬枣，产业园位于大荔县东部，地处大荔冬枣的核心区域和优势产业带，包括安仁镇、赵渡镇、范家镇、两宜镇、朝邑镇5个镇、114个行政村。2022年，冬枣种植面积24.03万亩，产量26.70万吨，产值41.60亿元。大荔县把产业园区建设作为乡村振兴的重要抓手，按照"科技创新、产业融合、品牌打造、主体培育"的思路，集约利用各类资源要素，推进园区集成式发展，坚持"'以五化'、重创新、促融合、创品牌、育主体、强保障"的六大行动方针实现冬枣全产业链发展，为拉动经济增长、助力乡村振兴凝聚了新动能。

大荔县万亩冬枣种植基地

一、以"五化"夯实产业发展基础

坚持把现代农业产业园作为现代农业要素加速集成应用的主阵地，将农机装备与农艺技术深度融合，以创新体系赋能生产体系，不断提升冬枣种植效益。

一是产业布局区域化。依托区域比较优势，调整优化产业园设施冬枣布局，建设日光温室冬枣、钢架棉被大棚冬枣、冷棚冬枣三个优势产业带。产业园的范家、两宜等镇地处铁镰山南麓下，拥有渭北黄土高原天然屏障，形成了较温暖的自然小气候，栽植的冬枣成熟早、品质好，适宜发展日光温室，在此建设日光温室冬枣优势产业带；产业园的安仁、朝邑等镇地处中部洛灌区，水源充足，土壤肥沃，产量高，发展钢架棉被棚栽培比较合适，在此建设钢架棉被大棚冬枣优势产业带；产业园的赵渡镇地处黄河滩区，风沙大，早春气温较低，土壤保墒能力较差，冷棚栽培较为有利，在此建设冷棚冬枣优势产业带。

二是品种选育良种化。在对外引品种沾化冬枣进行多年不断驯化改良和芽变、枝变鉴选的基础上，选育出了大荔冬枣2号和冬枣820两个通过陕西省林业局林木良种审定、具有自主知识产权的冬枣优系品种。引导枣农通过高接换优技术手段，发展大荔冬枣2号、冬枣820、短枝冬枣、沾化冬枣3代等冬枣优系品种，进一步丰富品种结构。

三是栽培模式宜机化。按照"三改一提（改棚、改土、改水，提升机械化自动化水平）、缺啥补啥"的要求，优化冬枣设施棚体类型和栽培模式，尽可能增加大跨度、便于机械化作业的钢架大棚比例，实施设施枣园装备提升项目，配置应用农业机械、水肥一体化、病虫害绿色防控、环境智能调控、采收等设施设备，进一步提升设施枣园机械化、自动化、智能化水平，初步实现施肥灌水、喷淋（药）、棚内环境调控、采摘运输全程自动化。

四是智慧管理数字化。积极推广智能温控系统、智能喇叭、自动卷帘机等设备在60%以上的冬枣棚室中得到应用，枣农通过手机就可实现冬枣大棚的远程监测和自动化操控。

五是生产方式绿色化。示范推广水肥一体化节水减施增效、病虫绿色防控减药增效、有机肥替代化肥等绿色生产关键技术，亩灌水量较2021年节省30%以上，化肥施用强度、农药使用强度较2021年及周边地区减少20%以上，枣园土壤有机质含量增加0.1个百分点。累计建成高质高效示范园11个。

二、重创新，增强产业发展生命力

一是建立科技研发体系。大荔县红枣产业发展中心、果业发展中心联合西北农林科技大学林学院，在中国枣文化博览园（赵渡镇大庆关村）建设大荔冬枣试验示范站，建有面积1 726平方米科研楼，建成了果品质量检测、土壤健康、栽培与育种4个实验室，组建了一支由育种、栽培、植保、土壤肥料、储藏加工、农业气象等领域20余名专家组成的冬枣科研团队，开展鲜食枣种质资源引进展示鉴选、冬枣栽培模式研发示范等工作；利用微地形景观展示短枝冬枣、苹果枣、三变红、阎良脆枣、中秋红、京60等鲜食枣新优品系40余个，在2 400平方米的智能连栋大棚中进行冬枣优系芽变选育和杂交育种，筛选宜机化、轻简化和抗性强的候选替代品系，解决现主栽品种大荔冬枣坐果严重依赖人工环剥和外源激素问题，减少劳动力投入。2021年选育出的大荔冬枣2号、2023年选育出的冬枣820通过陕西省林业局林木良种审定。

二是创新技术推广体系。采用"1名试验站科研人员＋2名县技术骨干＋3名乡土专家"的"1＋2＋3"工作推广模式，培养乡土专家60名、高素质职业农民150人，培训职业农民2 321人，轮训果农5万多人次。

三是总结完善标准体系。制修订、发布实施和在产业园宣贯推广《冬枣》（GB/T 32714）产品国家标准、《冬枣绿色生产标准综合体》（DB61/T 1241.1 ～ 1241.8）、《设施冬枣节水灌溉技术规程》（DB61/T 1565）3个标准，规范新型农业经营主体和广大枣农的生产、销售行为。

三、促融合，提升产业发展水平

完善产地冷藏、分拣、包装设施，冬枣初加工转化率达到90%，精深加工转化率达到30%。

大荔冬枣小镇

一是加快完善产地冷藏设施。2022年，全县军旗冬枣、天农果品、益农种植等28家新型农业经营主体新增冷库容量3.57万吨，新增冷藏车30余辆，减少了运输减损，有效调剂了销售压力。

二是持续增强果品分选能力。安友果品、百果王等新型农业经营主体建设处理能力2～4吨/小时的冬枣数字化智能分拣线5条，根据冬枣重量、糖度、果面进行差异化、精细化分拣销售，细分消费市场和消费群体，实现优果优价销售目的，综合效益提高10%以上。

三是不断丰富深加工产品。引进真全微波干制技术，改造提升脆冬枣加工工艺，建设脆冬枣、冬枣罐头生产线各一条，年生产能力达1 000吨以上。总投资3.9亿元的集产后整理、产品交易、加工仓储、冷链物流、电商销售于一体的国家级冬枣物流产业园正在加快建设。

四是做优农旅融合。安仁小坡村大荔冬枣小镇劳动教育实践基地，被授予首批"陕西省大中小学劳动教育实践基地"，产业园休闲乡村旅游年收入0.7亿元。

四、创品牌，提升产品市场竞争力

大荔县现代农业产业园高度重视品牌塑造，持续推动"大荔冬枣"

品牌建设。

一是强化品质监管。严格农业投入品管理和农产品质量安全监管，产业园的113家企业、合作社纳入大荔县农产品质量安全追溯平台，实行追溯二维码管理，并为其配备农药残留检测设备，冬枣产品质量安全例行监测合格率稳定在99.8%以上。

二是擦亮冬枣品牌。产业园内企业（合作社）取得绿色、有机、HACCP体系认证、良好农业规范等认证5件。"大荔冬枣"被中国果品流通协会授予2022消费者最爱果品品牌（区域公用品牌类），被陕西省农业农村厅、市场监督管理局分别认定为省级农产品区域公用品牌、"陕西好商标"，"大荔冬枣"连续7年跻身"中国果品区域公用品牌15强"，2022年首次进入中国果品品牌前10强，品牌价值达到59.02亿元，较上年增加5.34亿元，增幅9.95%，居枣类排名全国第一。2022年4月22日，"大荔冬枣"地理标志品牌第一期入驻中国农产品地理标志品牌形象馆，在迪拜世博会中华文化馆正式上线面向全球发布。2022年6月1日，大荔县政府在范家镇雷北村召开了"大荔冬枣"品牌集中授权暨全县冬枣质量安全巡查活动启动仪式，授权91家有规模、有实力、讲诚信的冬枣经营主体宣传和使用"大荔冬枣"区域公用品牌标识。

三是做大果品营销。用好线上线下销售方式开拓国内国际市场，全县400多家电商企业，1 300多家网店，3万多家微商、推广电商等新型流通方式，利用京东、天猫、快手、抖音等新媒体传播渠道，拓宽冬枣线上销售新渠道，促进产销有效衔接，2022年冬枣电商交易额26亿元，占大荔冬枣年销售额的43%。大荔县果业发展中心举办了2021陕西省千名水果网红秋季培训线下强化培训班，培育大荔网红达人30余人，2022年组团参加了西部数字经济博览会（西安）和2022中国品牌农业乡村振兴大会暨大湾区品牌果蔬发展大会（广州）。2022年6月24日，大荔县委、县政府在产业园举办了2022年中国·大荔冬枣产业高质量发展大会暨产销对接会，宣传推介大荔冬枣品牌，提高大荔冬枣等特色果品知名度，扩大市场占有率。大荔大有农业科技有限公司、大荔农信网络科技有限公司、大荔新禧冬枣专业合作社3家冬枣出口企业的产品远销加拿大、俄罗斯、迪拜、荷兰、智利、意大利、泰国等15个国家和地区，年出口产值达到6 000余万元。

五、育主体，增强产业带动能力

产业园有冬枣专业合作社110个、家庭农场29家、社会化服务组织10余家。培育了大荔蓝鼎、大荔沙苑黄花等农业高新技术企业2家，星创天地2家、市级专家工作站2家、市级冬枣产业技术创新联盟1个。返乡人员创业企业10个，创业人员75人，带动就业875人，涌现出贾青、刘磊等农村创新创业典型。探索建立了6种紧密型利益联结机制。

一是资产折股量化带农模式。将产业园各类项目在田间形成的资产拨付至农村集体经济组织，按照"移交至村、量化到人"要求，将项目资产足额追加到集体资产总股本中，集体成员持有的股份实现增值。如，产业园凡享受中央财政奖补资金的产业发展类项目，项目实施单位必须与所在村签订入股分红协议，按奖补资金的5%分红给所在村，用于村集体经济积累和公益事业。

二是股份合作入股分红增收模式。农户以土地经营权入股、镇村集体以项目资金入股、农业公司以技术资金入股联合经营，以分红等分配方式提高收入。如范家镇集体经济股份合作总社投入200余万元建立冬枣日光温室26座，委托大荔县肖宇果蔬专业合作社生产经营，收益按集体36%、合作社64%比例分配。

三是"断园"销售和订单收购模式。"断园"销售模式，即在冬枣成熟上市前，客商以协议价格买断农户枣园当年所有权，成熟期枣园管理、采摘、销售由买断客商决定，枣农为客商负责看管、采摘等事宜，这种断园模式，规避了枣农各种风险，保证了种植收益，减轻了枣农负担。对客商而言，能通过断园取得理想的优质货源。定向购销模式，即客商在实地看园后与果农签订销售意向合同，枣农交货时收购价较其他户高出10%左右。

四是"园区技术托管、产品营销+农户分户经营"模式。陕西硕农公司、大荔新颖公司为园区冬枣种植户提供设施棚体、技术指导、农资统购和产品营销服务，种植户具体管理，销售收入按4：6或5：5分成。

五是"合作社+农户"带动增收模式。新禧冬枣合作社与620家农户签订订单协议，冬枣收购价格较市场每千克高出0.8～1.2元，社员亩均增收 1 300 元。

六是"保险+兜底"稳定增收。出台保险补助政策，按市财政30%、县财政30%、农户40%的比例对安仁镇、范家镇等5镇3 922户的32 677亩大棚冬枣实施农业保险，单位保费100元，单位保额2 500元，降低自然灾害风险。

六、强保障，提升产业发展后劲

大荔县委、县政府高度重视产业园创建工作，从组织、政策、经费等方面给予有力支持。成立了大荔县省级现代农业产业园创建工作领导小组和工作专班，先后制定印发了《关于大荔冬枣产业规范化建设的意见》《大荔冬枣品牌保护管理办法》《大荔县农业高质量发展奖补实施办法》等重要文件。2021年县政府列支专项经费1 773万元，对冬枣设施建造、产品质量认证、智能选果线引进等方面进行奖补，支持特色冬枣产业规模化、标准化、品牌化发展。农户新建日光温室、钢架大棚、竹竿大棚提升为钢架棚的，分别补助1 000元/亩、750元/亩、500元/亩。县政府对老旧园区提升为现代化智慧化园区的，给予50万元奖补；对新获得地标认证、绿色认证、有机认证的，分别给予一次性3万元、1万元、2万元的奖补；对获得国家及省级表彰的农产品品牌，分别给予5万元、3万元奖补。

（帖根龙　石青峰）

111

延伸农业产业链条　引领县域产业发展

略阳县省级现代农业产业园

　　略阳县省级现代农业产业园主导产业为略阳乌鸡，产业园核心建设区域位于略阳县城以南兴州街道办荷叶坝村和横现河街道办，覆盖全家河镇、白雀寺镇、接官亭镇、硖口驿镇、黑河镇、两河口镇、仙台坝镇、观音寺镇等13个略阳乌鸡养殖镇（街道），自2020年获批创建省级现代农业产业园以来，略阳县委、县政府坚持绿色循环、转型发展定位，将以略阳乌鸡为主的绿色食药产业作为全县首位产业，通过强化绿色引领、科技赋能、种业攻关、基地规范、加工升级、品牌打造、市场营销等关键环节，略阳乌鸡产业体系加快形成、产品开发步伐加快、品牌效应逐步显现，产业园主导产业质量、效益和竞争力明显提升，探索出一条推动乡村产业振兴的好路子。

略阳乌鸡养殖基地

一、坚持"四化"基础，全面打造现代化产业园区

（一）坚持专班化推进

园区获批创建以后，略阳县委、县政府高度重视，按照"五个一"（一个产业园区、一名领导包抓、一个部门牵头、一套班子推进、一套政策保障）产业推进机制，及时成立由县长任组长、两名县级领导任副组长和10个部门主要负责同志为成员的略阳乌鸡产业推进专班，制定出台《略阳县"一县三品、一品一链"产业基地布局规划（2021—2025年)》《略阳乌鸡全产业链建设规划2021—2023》《略阳乌鸡全产业链建设方案》，重点推进以省级现代农业产业园建设为重点的略阳乌鸡产业发展，略阳县农业农村局成立产业园区建设专班，统筹推进"延伸产业链、提升价值链、融通供应链"行动。同时，略阳县财政在省级项目资金支持基础上，每年整合财政涉农资金不少于2 000万元支持略阳乌鸡全产业链发展，为建设现代化园区奠定了基础。

（二）坚持绿色化打造

略阳乌鸡是国家地理标志产品，农业农村部农产品地理标志登记产品，也是陕西省唯一保护的地方家禽品种。园区在建设中始终坚持特色化、绿色化思路，产业园注重绿色生态、循环发展，建立产业绿色、环保、循环发展长效机制，为农业农村经济发展注入了新的动力源。园区内略阳乌鸡产品通过有机认证，养殖粪便无害化处理，变废为宝，为种植业发展提供了优良有机肥。在屠宰及肉制品深加工污水处理方面，通过应用先进污水处理设施设备，厌氧发酵生产沼渣沼液，为土壤提供优质有机液肥，使种植业、养殖业实现了循环、协调、可持续发展。加工园区通过雨水花园与污水转运中心进行雨污分流，既保证园区水资源有效利用，又保证产生的污水能够有效排出，维护嘉陵江生态安全。建设污水转运中心及垃圾转运中心，有效解决污水及垃圾的转运问题，工业厂区严格按照环境卫生要求生产，做到项目建设对周边环境不产生污染，能够达到国家关于"三废"排放和处理标准。

（三）坚持链条化聚集

现代产业园内现有从事乌鸡育种—养殖—屠宰—精深加工—研发—冷藏储运—电商销售—有机饲料生产的全产业链生产加工企业12家，带动了106个农民专业合作社、10个家庭农场、27家养殖大户和50个养殖专业村的略阳乌鸡产业发展。产业关联集聚度高，一二三产业深度融合，利益联结紧密，全产业链发展已现雏形。为深化乌鸡产业一产向后延伸、二产向两头拓展、三产向高端发展的现代化农业示范发展奠定了基础。产业园建设水平领先，设施设备、科技引领、生产加工、流通及配套服务等各方面均有较好基础，现代生产要素高度聚集，技术集成应用水平较高，规模经营效益显著，新型经营主体成为园区主导力量。

（四）坚持数智化引领

现代农业产业园区按照区域化布局、专业化生产、一体化经营、社会化服务、企业化管理的建设思路，大力实行产销供相结合的经营机制体制，着力构建集乌鸡专业绿色饲料加工、养殖、屠宰、肉制品深加工、研发、休闲旅游于一体全产业链模式的创新型数字农业产业园区。产业园区建设数字化大楼，与联通公司合作开发"5G建设+略阳乌鸡数智化建设"示范点，通过大数据和物联网平台，实现略阳乌鸡养殖、加工、产品销售全程的质量监管、追溯和产业预警分析，使略阳乌鸡成为"一鸡一证、一鸡一码"的智能化、可视化的放心消费产品。略阳结合乌鸡产业正在争创全省数字乡村试点。

二、突出"四个环节"，完善略阳乌鸡全产业链体系

（一）突出种源建设

在园区范围内的黑河镇、两河口镇、仙台坝镇、观音寺镇建立略阳乌鸡种源保护区，推行"1+X+N"乌鸡保种选育、良种扩繁模式，成立龙昊乌鸡种源繁育中心，大力开展保种、选育提纯工作，蛋用型、肉用型两个专门化品系选育已进入第8个世代，存栏种鸡8 800只，肉

用品系群体生长速度、整齐度显著提高，蛋用品系群体产蛋率明显上升，产蛋高峰期维持时间延长。园区扎实推进略阳乌鸡扩繁场建设，建成标准化繁育场9个，目前全县具备乌鸡繁育孵化能力的企业种鸡已存栏3.3万只，确保了略阳乌鸡种源纯正，为市场提供合格、优质的产品。

（二）突出标准规范

为建立略阳乌鸡标准化生产体系，提升园区农业标准化水平，在已发布实施略阳乌鸡省级地方标准的基础上，制定并发布实施《略阳乌鸡质量要求》《生态养殖技术》《繁育管理要求》《屠宰加工质量规范》4个市级地方标准体系，13项企业标准已批准发布。略阳乌鸡养殖标准化示范区被列为第十批国家农业标准化示范区。略阳乌鸡从繁育、养殖到产品销售全过程标准体系逐步建立。

（三）突出基地建设

以园区范围内13个基地镇（街道）为重点，以标准化、生态化、适度规模化为方向，坚持抓点示范、以点带面，建设养殖示范镇、示范村、示范户、示范主体，推动略阳乌鸡产业向标准化、规范化迈出实质性步伐。成功打造黑河镇为全国"一村一品"略阳乌鸡示范镇，陕西秦脉农业发展有限公司养殖基地被国家林草局认定为国家林下经济示范基地。新建乌鸡养殖基地16个，培育500只以上生态养殖示范场户165户，2022年全年养殖略阳乌鸡295万只，筑牢了产业发展基础。

（四）突出产品加工

在园区内实施的绿色循环农业产业示范园项目，已建成标准化自动鸡舍4 000平方米、乳酸菌发酵车间600平方米、黑水虻养殖车间600平方米，餐厨垃圾处理车间设施设备已安装完成并投产运行，炭基肥生产车间和种养综合大棚正在加快建设。已建成乌鸡汤灌装、卤味熟食、休闲即食产品等的加工生产线，已建成乌鸡屠宰加工、1.16万立方米冷藏库和略阳乌鸡数字平台，乌鸡酱、乌鸡精、乌鸡汁等调味品系列产品和30万吨乌鸡专用饲料加工生产线正在加快建设。

三、强化"五个保障",提升现代产业园区水平

(一)建立产品品牌体系

以市场为导向,强化乌鸡产品初加工、精深加工,研发鸡肉制品、乌鸡汤品、休闲食品等,加快产品升级,延长产业链,拓展增值空间。略阳乌鸡系列产品先后获得中华农产品十大品牌、全国旅游商品大赛和陕西(第六届)旅游商品大赛金奖、第105届美国巴拿马太平洋万国博览会金奖。2022年略阳县(略阳乌鸡)获评陕西省特色农产品优势区,"略阳乌鸡"入选陕西省农产品区域公用品牌,"村长鸡"等5个产品品牌入选2022年度陕西省农业品牌目录。园区公司坚持走产业化、绿色化发展的路子,通过进一步规范略阳乌鸡养殖、生产、加工技术标准,提升了略阳乌鸡品质和市场竞争力,树立了"黑咯咯——中国生态慢生鸡""村长鸡"等一批略阳乌鸡的品牌形象。积极争取实施略阳乌鸡国家地理标志农产品提升项目,在中央电视台进行广告宣传,在各定位城市大量投入广告,将略阳乌鸡区域公用品牌做大做强做响,大大提高了略阳乌鸡的知名度、美誉度和影响力。

(二)健全市场营销体系

成立略阳乌鸡产业开发协会、略阳乌鸡产业联盟和汉水源乌鸡开发有限公司,组建专业营销队伍,逐步完善营销体系。通过制作略阳乌鸡宣传片,积极参加宣传推介会等方式,多层次、全方位策划、包装,以"新传统·慢生活"理念为引领,弘扬中华传统"汤"文化,倡导"食养"健康生活等新方式宣传略阳乌鸡。在西安、汉中等地建立略阳乌鸡直营店6个,建立餐饮体验店4个,电商销售网点20个,略阳乌鸡营销体系不断健全。

(三)强化服务保障体系

略阳县畜牧兽医中心成立了略阳乌鸡产业技术服务组,落实了技术人员"一对多"包抓责任,具体负责全县略阳乌鸡技术培训与指导服务,全面推行了略阳乌鸡程序化免疫,购置了程序化免疫疫苗和防疫必备物

资，镇（街道）畜牧兽医站统筹做好辖区内乌鸡疫病防控工作，繁育场和规模养殖场履行防疫主体责任，按照免疫程序免费领取疫苗实施免疫，为17个镇（街道）临时聘用略阳乌鸡专职防疫员，负责全县散养户的乌鸡免疫工作。并全面推行略阳乌鸡养殖保险，激发群众养殖积极性。

（四）创新科技支撑体系

依托西北农林科技大学、市县畜牧机构专家技术力量，持续开展快长肉用型和高产蛋用型两个专门化品系选育。与省市科技、农业农村和西北农林科技大学等8个部门、科研院校联合成立略阳乌鸡产业发展研究院，开展产品精深加工、产业链打造等多方面研究，目前已开发出乌鸡酱、乌鸡汤、乌鸡熟食等38个加工品类。成功申报陕西省略阳乌鸡工程技术研究中心，建设略阳乌鸡育种与繁殖研究室、营养与饲料研究室、健康养殖研究室、疫病防控研究室、食品开发研究室、粪污处理研究室、产业规划研究室7个功能研究室，研究解决略阳乌鸡产业标准化程度低、产业链条短等难题，促使其成为区域富民产业集群，实现略阳乌鸡产业的高质量发展。

（五）完善促农增收体系

依托略阳乌鸡特色农业产业，园区争取创建全省首批农村产业融合发展示范园，着力建设集现代农业研究、生产、加工、展示、高科技成果转化、科研科普、休闲旅游等于一体的现代化农业产业园，大力推进一二三产业有机融合，有效拓宽农民增收渠道。采取"大场地、小批量"的家庭农场模式、"公司＋合作社＋农户"精准帮扶模式，推行"千户百只"和"2+5"养殖模式，产业园区发展带动13个镇办、7 135户农户、2.8万人从事略阳乌鸡相关产业，户均增收达到3 000元，促进了产业发展、农民增收。

（张有为　伍金明　陈胜明）

以园区为引领
推进山地产业高质量发展
宁强县省级现代农业产业园典型案例

　　宁强县省级现代农业产业园位于陕西省西南角，大巴山和米仓山交汇区域，气候湿润，是陕西省茶叶主产区之一，是"秦药"大宗道地药材天麻、华细辛等的核心产区。宁强县产业园区规划总面积17万亩，主导产业为茶叶与中药材，种植面积达13.9万亩，年综合产值24亿元，其中：茶叶面积9万亩，综合产值13.75亿元；中药材面积4.9万亩，年综合产值10.25亿元。园区内从事茶叶和中药材生产发展的农户2.13万户。宁强县先后跻身"中国名茶之乡""中国十大魅力茶乡"，宁强银杏、宁强天麻、宁强淫羊藿、宁强茶叶通过了国家生态原产地产品保护认证，取得地理标志证明商标2件（宁强天麻、宁强雀舌），宁强华细辛通过国家地理标志认证产品认定，宁强县茶叶和银杏是汉中银杏、汉中仙毫地理标志产品的核心产区。

宁强县玉皇观茶园春茶开采

一、多措并举，持续壮大主导产业

（一）坚持"产业生态化，生态产业化"思路推进茶叶产业发展

一是以"一控二减三基本"的绿色发展理念，在高寨子街道肖家坝村、古城村、罗村坝村，汉源街道二道河村、金家坪村等地茶园中通过增施有机肥改善了茶园的土壤结构。通过购置粘虫板、生物制剂等实施茶园虫害绿色防控；采取在茶园中补植桂花、红豆杉等茶园生产性遮阳树种，提升茶叶鲜叶品质；补足了生产型茶园的道路及灌溉等设施，集中打造玉皇观至古城片、沈家沟、青年茶场、渠家大院等一大批精品茶园。

二是按照《汉中市茶园管理技术规范》（DB6107—2016），推行"三改、两管、一合理"低产茶园改造技术，培育赵家店子、郑家梁、桃树沟等一批丰产茶园，有效提升了茶叶的品质和产量。

三是以观光农业为突破口，完善设施，建设以观光茶园为重点的茶叶现代农业产业园。推进茶叶生产、游客采摘炒茶等集茶事体验、摄影、休闲品茶娱乐于一体的茶叶观光园发展。优选了水、电、路等基础设施好的茶园，邀请旅游方面的专家对茶叶产业园向观光综合产业园转变进行设计，将茶叶产业园良好的生态优势转化为经济优势。

（二）依托优良山地环境，培育壮大道地中药材产业

一是引入了生态种植的概念，提出了适度除草的思路，即对野生环境下与所种药材伴生的杂草适当保留，对影响所种药材光照的高于药材的杂草彻底拔除，这样既维持了中药材原有野生生境的植物群落，利于中药材利用自然植物群落防止大面积病害虫害发生，提高了中药材品质，又大大降低了除草的人工成本。

二是打造天麻种麻现代农业产业园。在宁强县二道河村、草川子村、宁家湾村等地组织相关企业、合作社分别建设设施天麻种麻产业园，将天麻种麻生产的菌种、菌棒、沙子与遮阳大棚有机结合起来，实现了优质菌种，可控制温度、湿度、光照和通风的栽培环境等稳产、增产技术的集成，使种麻的产量和质量有了较大提升，为全县天麻产业打好了优

质种麻基础。

三是在推动县域道地药材品种淫羊藿种植中，采用林地与耕地过渡地带集中连片种植模式，并引入遮阳网、有机肥、可降解除草布和良种等现代农业要素，科学推进全县淫羊藿产业发展壮大。

通过以上举措，全县省级园区规划区中药材面积达4.9万亩，年综合产值10.25亿元、亩产值2.09万元。

二、培育主体，推进三产融合发展

（一）培育新型经营主体，打造产业生力军

经营主体是链接小农户和大市场的关键一环，对于推进产业后续发展具有重要作用。省级园区创建以来，宁强县坚持把培育主体放在首要位置，累计培育茶叶、中药材省级农业产业化龙头企业4家，分别为羌州茶业、千山茶业、凤源茶业、天洋制药。市级农业产业化龙头企业7家，分别为汉中至一茶品、宁雨茶叶、青木川绿品生物、金牛道茶业、碧缘茶业、五丁生物、思青科技公司。高新技术企业1家，具体为千山茶业。围绕产业园龙头企业的其他企业、合作社、家庭农场等200余家，形成了"政府+合作社+农户""企业+合作社+农户"等产业发展模式，产业园区建立了稳定的利益联结机制，把农户嵌入产业链条之中，在政府、企业、合作社、集体经济组织、农户之间形成互利、共赢、稳固的利益共同体。园区覆盖带动农户2.13万户，带动脱贫户1 500余户，户均增收3 600元以上。

（二）延链补链，推进一二三产业融合发展

一是发展农产品加工，带动"接二连三"。依托宁强县循环经济产业园区，千山茶业、祺欣药业等20余家企业，积极构建"基地+初级加工+精深加工"产业格局，不断提升农产品精深加工能力和水平，延伸产业链条，提高农产品附加值，规划区内现有初制茶叶加工厂27家、中药材加工企业21家，其中大型茶叶加工企业20家、中药材精深加工2家，初步形成了现代农业加工集群。

二是发展休闲农业，带动"跨二连三"。充分利用宁强县茶产业发展

优势，以茶旅融合的发展理念，高寨子街道肖家坝村的千山茶园、凤源茶园，以及汉源街道二道河村县青年茶场均获评"全国最美30座茶园"。2021年以来，宁强县将玉皇观片区茶园按照景区标准打造，各类配套设施进一步完善。2023年4月，宁强县玉皇观茶文化景区已成功通过国家3A级旅游景区授牌并投入运营。踏入景区，游客可信步石板游道，欣赏茶涌绿波，亲自采茶制茶，体验劳作之乐，也可茶山放歌，赛茶会友，品茗切磋茶艺，还可以参观宁强茶叶生产加工全过程，感受神秘羌文化与汉中茶文化的奇妙融合。

三是发展电子商务，带动"加二连三"。推动电子商务向产业园延伸取得显著成效，各龙头企业均建立了线上销售，一批电商人才应运而生，宁强茶叶、宁强天麻等产品网销火爆，有力拉动了全县特色农产品线上线下同步交易。

三、完善政策，强化人才科技支撑

（一）加大政策供给，坚持全产业链扶持

一是宁强县按照全产业链扶持思路，出台了《宁强县茶叶产业发展扶持办法》《宁强县扶持天麻淫羊藿产业发展实施办法》，明确对产业链各个环节的扶持标准，支持人才引进和创新。近年来，每年拿出整合资金的60%用于产业发展，有力推动产业园建设。

二是加强金融保险支持，宁强县乡村振兴局联合宁强县人社局积极对返乡创业人员提供小额担保贷款金融服务，解决其启动资金的问题。

三是制定了农业保险制度，丰富了农业保险产品，开展了茶叶气象指数保险，并将中药材纳入创新性农业保险品种，扩大了农业保险覆盖面。

（二）搭建科研平台，助力农业科技创新

积极与科研院所合作，邀请专家指导，建立了天麻研究所、淫羊藿研究所和天麻专家工作站。中国中医科学院在宁强县建立了天麻博士工作站，大力开展优势特色产业新技术研发、新品种示范推广，以及高素质农民培育、农村创新创业团队孵化等工作，有效促进科技成果转化，

共引进试验示范新品种20余个，推广实用技术10余项，全县良种覆盖率达到90%以上，农业科技贡献率达到了75%以上。依托科研站所研发的天麻食品和保健品获得了陕西省创业创新大赛三等奖。在天麻加工中引进了电脑控制的自动化烘干生产线，防止了过去天麻加工过程中使用硫黄的错误做法，同时还防止了过去土烘干房烘干时间过长，其间容易产生黄曲霉毒素的风险。建立农产品质量追溯平台，实施农产品质量承诺追溯制度，上市农产品附带证标追溯码，做到全程可追溯。

四、打造品牌，提升产品市场影响力

通过省级现代产业园建设，主导产业集群规模效应不断显现。全县茶叶面积16.63万亩，年产茶叶1万余吨，综合产值16亿元，其中产业园区核心茶园产值占全县茶叶综合总产值的80%以上。全县道地药材种植21.3万亩，综合产值15亿元。2021—2022年，全县茶叶及中药材企业多次参加省内外质量评比、展示展销活动，其中3家茶叶企业产品在中茶杯均斩获绿茶组最高奖特别金奖，3家企业茶叶产品获金奖，刷新陕茶质量评比新纪录。宁强天麻、宁强雀舌取得了国家地理标志证明商标，宁强银杏叶、宁强天麻、宁强淫羊藿、宁强茶叶（绿茶、红茶）通过了国家生态原产地保护产品认证；茶叶类"青木川牌"商标获评中国驰名商标；多家茶叶公司产品荣获陕西省名牌产品称号，"羌州""咏德"等茶叶商标获评陕西省著名商标。另外，全县认证"两品一标"茶叶和中药材8个，取得银杏、华细辛、茶叶地理标志认证3个。千山茶业、凤源茶业的茶叶产品入选全国名特优新产品名录，千山茶业、羌州茶业等公司产品多次荣获汉中市市长、宁强县县长质量奖，茶叶品牌市场影响力不断扩大。

（李应发　何能波　陈自义）

机制创新篇

JIZHI CHUANGXIN PIAN

实施"五四三三"工程
推进产业园建设
眉县国家现代农业产业园

　　眉县国家现代农业产业园位于秦岭北麓百万亩优质猕猴桃产业带核心区。产业园总面积54.18万亩，主导产业猕猴桃种植面积26.6万亩，农户5.5万户，年产值为55.3亿元。2018年以来，眉县抢抓创建国家现代农业产业园历史机遇，形成了"一区引领（眉县猕猴桃产业园核心功能区）、一带支撑（优质特色猕猴桃生产带）、多园联动（高端定制有机精品生态园、绿色生产示范园、智慧农业生产示范园、乡村振兴产业融合示范园、休闲果业观光园、中新合作示范园）"的大产业格局，着力推动猕猴桃产业提质增效，精心将眉县猕猴桃打造为眉县招牌、陕西名片、国家品牌。

眉县国家现代农业产业园核心区

一、聚焦"五化"目标，加快产业升级

（一）特色产业规模化

眉县是国内猕猴桃最佳优生区之一，县域内无重工业污染，土壤环境和水源质量优良，空气质量获陕西省猕猴桃气候品质特优级认证和国家气候标志认证，得天独厚的区位优势和资源禀赋，成就了眉县猕猴桃优异的酸甜黄金比，形成了以徐香为主栽，脐红、华优为搭配的品种结构，即"绿肉品种为主，红肉和黄肉为补充"的品种格局。主栽品种徐香猕猴桃香味浓厚，酸甜可口，成为最具市场竞争力的绿肉猕猴桃优势品种，猕猴桃良种覆盖率达到98%，培育猕猴桃"一村一品"示范镇6个、示范村70个，打造形成了以金渠镇宁渠、齐峰生态农庄等4个千亩精品示范园和汤峪镇屯庄、首善联丰等一批千亩高标准示范园为重点的"4+N"产业分布模式，形成了"一园一业"的产业格局。

（二）经营方式集约化

坚持"六轮"驱动（行政推动、项目带动、龙头企业牵动、专业合作组织联动、家庭农场拖动、能人大户帮动）战略，强力推动土地规模化、集约化经营。形成以"龙头企业（合作社）+农户+基地"为主的果业发展新模式，推广"五统一"（统一标准、统一管理、统一加工、统一销售、统一培训）经营模式，开展订单式、合作式、托管式一条龙全方位服务。培育了国家级龙头企业齐峰果业，省级龙头企业金桥果业等12家，市级龙头企业10家；成立猕猴桃专业合作社400个，其中鹏盛达果业等省级以上示范合作社19家；认定猕猴桃家庭农场130家，新型经营主体数量达到506个，集约化新型经营主体已成为产业园发展现代农业的主力军。

（三）生产管理智能化

依托何积丰院士工作室眉县科研基地，创新设计了猕猴桃大数据收集平台（手机App）、数据管理平台、数据（模型）分析平台等9大数据平台，2021年成功发布了中国眉县猕猴桃指数，建成猕猴桃产业云平台和陕西（眉县）猕猴桃大数据示范中心，收集以眉县猕猴桃为主的种植、冷藏、投入品、加工、销售等方面的全产业链基础信息30万余条，分类建立数据库20个，特别是猕猴桃价格指导、产业数据（模型）分析的初步实践，为政府科学决策、果农科学作务、企业精准销售、产业提质增效、拓展乡村振兴渠道提供了全方位的信息数据服务。开展数字农业建设试点，建成智能化果园5处，亩均增产10%，优果率提高5%，成本降低30%，节约人工费用50%，达到了科学增产、改善品质、提高经济效益的目的。建设10个村的智慧农业施肥系统，推广节水灌溉、配方施肥、水肥一体、微喷灌溉等，平均每亩节约灌溉施肥成本44%，优果率提高5%～10%。

猕猴桃分拣线

（四）市场销售品牌化

眉县紧紧围绕"眉县猕猴桃"区域公用品牌，编制《眉县猕猴桃区域公用品牌战略发展规划》，出台《关于眉县猕猴桃品牌建设的意见》等系列文件，确立"眉县猕猴桃——中国猕猴桃标志性品牌"战略定位，创意设计眉县猕猴桃品牌形象图案，创办"眉县猕猴桃"微信公众号，提出"眉县猕猴桃，酸甜刚刚好"的传播口号，拍摄《太白山下猕猴桃》科教故事电影，建成了中国·眉县猕猴桃博览馆，连续举办十届中国猕猴桃产业发展大会。眉县猕猴桃的品牌知名度和影响力持续攀升，连续多年荣获"消费者最喜爱的100个中国农产品区域公用品牌"和"最具影响力中国农产品区域公用品牌"，品牌价值达128.33亿元。在眉县猕猴桃区域公用品牌的引领下，齐峰、金桥、秦旺等地理标志授权企业快速发展壮大，全县注册猕猴桃鲜果及加工品商标85个，其中省级著名商标7个，"齐峰缘""眉香金果""秦旺"等猕猴桃鲜果和加工产品商标享誉国内外。

（五）产业形态融合化

做强一产的同时，加快推动二三产业发展，规划建设占地1 098亩的国家级猕猴桃批发市场，累计完成投资30亿元，建成科技研发与会展中心区、鲜果冷藏处理区、综合加工区、综合管理服务区等六大功能区，猕猴桃质量检测中心、产业信息中心、电商孵化中心等投入运营，形成了立足宝鸡、引领陕西、辐射全国、对接国际的国家级产销平台。大力推广产地初加工、仓储物流基地建设，建成目前全国规模最大、标准最高、技术最先进的3.3万吨猕猴桃气调冷库，2020年获批首批国家骨干冷链物流基地。提高精深加工水平，百贤酒业等猕猴桃精深加工企业生产的果汁、果酒等产品深受市场欢迎，果品加工等二产收入达到25亿元。以"文化＋旅游""农业＋旅游"为方向，发展休闲观光、电商网红直播、研学旅行、猕猴桃养生宴等新产业新业态，形成关中旅游环线、310国道等6条猕猴桃经济观光带。

二、抓好四个环节，提高果品品质

（一）抓好基地建设

整合农业、水利、交通等部门涉农项目，改善产业园基础设施，园内道路硬化、光纤通信、水利设施、用电用气等实现了全覆盖，高标准果园占比达到80%以上，建成了青化、齐峰2个省级猕猴桃现代农业园区，第五村、官亭等4个市级猕猴桃现代农业园区。引进推广多种果园专用机械，产业园综合机械化率达到60%，成功创建为国家级农产品地理标志示范样板、国家级出口食品农产品质量安全示范区、全国绿色食品原料（猕猴桃）标准化生产基地。

（二）抓好质量管控

产业园内畜禽养殖场污染物全部进行无害化处理，养殖所产生的有机肥全部综合利用，农家肥按规定经过高温发酵处理。制定了《眉县绿色食品原料（猕猴桃）标准化生产基地农业投入品监管实施办法》，公布禁限用农业投入品名录，建立了眉县农业化学投入品管理信息平台，大力推广太阳能杀虫灯、生物农药等生态防治技术，广泛实施测土配方施肥、水肥一体、生物有机肥，产业园内主要农作物化肥利用率为41%，农药利用率为40%，畜禽粪便、秸秆、农产品加工剩余物等循环利用率95%以上。

（三）抓好检验检测

投资2 700万元，建成宝鸡市猕猴桃质量安全检验检测中心，2021年成功创建为陕西省果蔬及深加工产品检验检测中心，2022年建设成为全国唯一地理标志产品检验检测中心，对猕猴桃及其他农产品质量的各项指标进行检验检测；各镇街组建农产品质量安全检测机构，配备420多名质量安全监督员，龙头企业建立8个质量安全检测室，形成了"以县为中心、以镇街和企业为补充"的检验检测服务网络。

（四）抓好果品流通

在齐峰果业、金桥果业等10家合作社建立了猕猴桃规范化产地标识和质量安全可追溯系统，眉县猕猴桃带上了"身份证"，实现了"从果园到餐桌"无缝隙质量安全监控。京东、阿里等公司在产业园建立生产产地仓，设置前置分拣中心，将分拣前置化，在产业园可集中进行猕猴桃订单处理，直接走干线出港送往北上广等主要消费城市，平均配送时效提前了24小时，提升了消费者的购物体验。

三、构筑三大体系，推进标准化生产

（一）建立科技研发体系

出台《加强县校合作助推县域经济发展的意见》，与西北农林科技大学实施战略合作，带动陕西省猕猴桃研究院、何积丰院士眉县科研基地、陕西猕猴桃专家大院等一批科研推广机构相继落户产业园，充分利用"秦创原"科技平台，形成了产学研技术合作示范平台，园内各精深加工企业积极实行校企合作，猕猴桃核心技术研究走在全国前列。

（二）创新技术推广体系

实施"眉县猕猴桃科技入户工程"，成立110产业技术服务中心，选派20名猕猴桃专家常驻西北农林科技大学猕猴桃试验站，采用"1名试验站科研人员＋2名县技术骨干＋2名乡土专家＋N个农民技术员"的工作推广模式，开展科技培训、抓点示范和实验研究。2020年开始在全县推广"四改五提升"（改土壤、改品种、改树形、改模式，提升基础、提升技术、提升品质、提升品牌、提升效益）模式。成立陕西省猕猴桃学院，开设猕猴桃田间学校，培养猕猴桃乡土专家13名、高级果农350多名，培训高素质农民2 000多人，轮训果农10万多人次。

（三）总结完善标准体系

总结近30年的生产管理经验，编印了《眉县猕猴桃标准化生产技术周年管理历》《出口猕猴桃标准化生产技术规程》等技术规范，西北农林科技大学与眉县猕猴桃科研人员共同编制的《陕西省猕猴桃标准综合体》成为陕西省猕猴桃种植的地方标准，优选品种、规范建园、配方施肥等10项关键技术在全国得到广泛推广运用。

四、强化三项保障，助推产业转型

（一）强化政策保障

制定《眉县猕猴桃优势产业区建设规划》等规划，出台《大力发展猕猴桃产业的决定》等一系列政策性文件，从用地保障、科技应用、人才支撑等方面支持产业园发展壮大。聘请专业团队编制了《陕西省眉县国家现代农业产业园建设规划（2018—2022年）》及创建方案，将检验检测中心、猕猴桃综合服务中心、大数据中心等多项机构纳入产业园范围，为产业发展提供有力支撑。实行"一企一策"招商政策，鼓励支持果业加工企业引进先进技术和高端装备。

（二）强化联农保障

组建陕西省猕猴桃产业综合服务中心，建立完善"保底收益+按股分红"、订单农业等利益联结机制，组织带动农户开展标准化生产，促进农户与现代农业有机衔接、协同发展。建立"政府+主导产业+农户"模式，制定实施产业补贴政策，2020年前对贫困户猕猴桃园每亩每年补助农资款338元，对新建园和高接换头园每亩补贴1100元；2020年后加大对"四改五提升"示范园建设补助力度，累计发放产业扶持资金2756.08万元。发挥龙头企业等86家农业新型经营主体作用，与脱贫户建立紧密的利益联结机制，收购脱贫户猕猴桃14275吨，发放农资73吨，吸纳贫困户就业1670人次。

（三）强化资金保障

眉县财政每年列支1000万元产业发展专项资金，用于支持猕猴桃新品种引进、技术推广、标准化基地建设、基地认证、商标注册、宣传推介等工作。多渠道争取资金，近年来共争取农业产业化项目资金1.27亿元，整合高标准农田建设等专项奖补资金3亿多元。猕猴桃产业园区管委会与邮政储蓄等金融机构开展战略合作，成立融担平台，为农业产业化龙头企业及合作社累计担保提供贷款2.5亿元，解决果业龙头企业或合作社资金不足、融资借款难等突出问题，支持其发展壮大。

（汪午强　王创　王磊）

多措并举促发展　助农增收显成效

城固县省级现代农业产业园

城固县省级现代农业产业园位于城固县北部，是柑橘、猕猴桃核心区和聚集区。产业园主导产业种植面积15.83万亩，辐射带动农民3653人，人均可支配收入达到1.64万元。自创建以来，城固县围绕柑橘和猕猴桃两大产业，按照"市场引领、基地示范、技术支撑、规模连片"的发展思路，形成了"一心（综合交易中心）、四园（猕猴桃国际合作园、生产数字化试点园、柑橘三产融合创新园、标准化绿色生产果园）、一带（城固果业发展示范带）"的产业布局，着力提升了主导产业的质量效益和竞争力，成功将"城固柑橘"打造为城固县对外形象名片，并于2021年、2022年先后被认定为省级特色农产品优势区、省级农产品区域公用品牌。

柑橘种植基地

一、科技先行，技术创新激活力

（一）加强与科研院所合作

一是整合原城固县柑橘育苗场资源，组建陕西果业集团汉中柑橘研究所，组织专家技术人员进行柑橘种植技术研发推广、新品种引进选育、良种苗木供应、种质资源保护。近两年共引进优良柑橘品种12个，试验筛选出适性、抗逆、丰产、优质、市场前景好的名特优新品种4个，保存橘、柑、柚、橙、柠檬等种质资源5类76种。

二是加强与佰瑞猕猴桃研究院合作，该院在城固县注册成立汉中佰瑞农业科技有限公司，组建了具有较强科研能力的技术团队，主要从事猕猴桃新品种示范推广、雄株园与猕猴桃商品花粉生产等，目前共选育新品种5个，瑞玉、碧玉通过陕西省果树新品种审定，瑞玉和中华猕猴桃璞玉、金玉2号取得国家植物新品种保护权证书；在原公镇和沙河营镇建成300亩雄株标准化生产基地，自主选育出具有出粉量大、授粉效果俱佳的瑞雄608、瑞雄609雄株品种；建立了标准化花粉工厂2000平方米，年生产花粉500千克，生产的花粉纯度高、活力强，畅销全国7省15个主产县。

（二）提高智慧果园覆盖率

建成了猕猴桃智慧果园1300亩，实现了集种植、田间管理、采收、加工、运输、销售于一体的全产业链发展。通过高点规划、项目支持和积极引导，高端企业积极引进高新技术，将数字信息化与农业生产紧密结合，从国内外引进安装先进的水肥一体化灌溉系统，通过电脑系统控制管道和微喷头，实现水肥精准控制，从而提高果实品质、产量。

（三）建立科技服务网络

产业园建立了以城固县果业技术指导站为主体，以城固县柑桔研究所、佰瑞猕猴桃研究所、林果试验场、镇农业综合服务中心为依托，以果业协会、果业专业合作社、生产大户为骨干的技术服务网络，建设形成了覆盖县、镇、村的三级技术队伍体系，为柑橘、猕猴桃新优技术推广提供人才保证和技术支撑。

（四）开展科技交流活动

每年多次组织经营主体分别到柑橘、猕猴桃主产区进行国内前沿生产技术的横向交流，保持与中国农业科学院柑橘研究所、西北农林科技大学、华中农业大学等技术研发机构的密切协作，同时多次邀请邓秀新、刘占德等柑橘、猕猴桃技术体系首席专家到城固调研和开展学术报告，进行多层次纵深技术交流和试验示范，依托禾和猕猴桃现代农业园区建设陕西中新国际（城固）猕猴桃示范园区，确保技术达到国内领先并与世界接轨。

二、三产融合，产业发展增效益

（一）主导产业加工能力显著提升

建有果业企业14家（其中省级龙头企业2家、市级龙头企业1家）、果业合作社38家，建成柑橘清洗、分选、打蜡、包装生产线36条，商品化处理能力达到20万吨，分级选果率达到了80%以上，10余个柑橘专业合作社通过出口果园登记和出口加工包装厂注册；建成猕猴桃贮藏保鲜库，贮藏能力达到1万吨；新建成猕猴桃光电分选线一条。

（二）电商物流体系逐步完善

建有占地3 500平方米的物流分拣中心，入驻中通、韵达、百世、申通、邮政5家快递公司，同时陕果集团采购冷链运输车2辆，为果品外销提供保障。园内农村电商服务体系基本覆盖，为农产品经营主体提供运输、仓储、配送、信息共享等综合服务。

（三）农旅融合产业初具规模

依托橘园风景区以及规模化的猕猴桃产业基地，大力发展休闲观光农业，现已培育出以陕果、齐峰、禾和、农富、鼎源、珍珠山等为代表的种植、加工、储存、销售果业龙头企业。以刘家营橘园景区为核心建设了橘园观光线路、橘颂长廊、柑橘采摘园及餐饮配套工程等旅游文化项目，成功举办了"柑橘旅游文化月""农民丰收节"等活动，金秋十月柑橘成熟之际，吸引大批游客前来旅游，活动期间接待游客量达5.75万人次。休闲农业和乡村旅游，实现了农旅有机结合。

三、生态优先，绿色发展提品质

（一）发展绿色生产模式

园区全面推行化肥、农药使用量零增长行动，采取有机肥替代化肥、测土配方施肥等措施，在园区内推行"猪—沼—果"绿色生态农业发展模式，开展沼液、沼渣在柑橘、猕猴桃生产中的综合利用。

（二）推进绿色优质果品基地建设

加快绿色食品、有机食品和农产品地理标志等认证工作，10万亩绿色食品柑橘生产基地通过国家绿色食品发展中心认证，2 000亩柑橘通过国家良好农业规范认证，5万亩有机柑橘生产基地正在建设，出口果园注册5万亩；发展猕猴桃绿色食品标志许可企业12家，面积达1万亩。

（三）实施质量追溯管理和合格证制度

出台了《关于强化农产品产地准出市场准入管理建立健全质量追溯机制实施意见》，督促农产品生产者和经营者牢固树立质量安全意识，实现农产品"从农田到餐桌"全程质量可追溯，引导145家农产品生产主体加入了国家、省级和农安信等农产品质量安全追溯平台，积极推进追溯体系建设与合格证制度有效融合，实现了追溯码与合格证双覆盖。

四、利益联结，联农带农促增收

（一）土地流转型

鼓励发展集约化果业产业，由村集体经济组织充当桥梁，将农户闲置土地统一流转给产业园内各类新型经营主体（企业、合作社、家庭农场），通过支付流转费，使农户获得长效收益。2021年，禾和、齐峰、陕果、农富等主体支付流转费300万元左右，带动农户1 000户左右。

（二）劳务用工型

猕猴桃、柑橘属于劳动密集型产业，除草、施肥、采收、包装等生产环节需要大量用工，园区内的果业企业、合作社通过雇用周边农户入园、入企、入社（"三入"）务工，支付劳务工资，带动农户增收。以禾和、齐峰为主的企业雇用农户务工，工资80～100元/天。

（三）订单收购型

大力推进禾和、陕果等新型农业经营主体开展订单收购模式，通过签订农产品购销合同，按照合同约定果品的品种、质量、收购价格等实现利益共享。同时引入"价格保底"机制，保障果农收入稳定。通过该利益联结机制，不仅使果农增收，还进一步提升了园区果品质量，增加了园区农业产值。

（四）股权量化型

政府将财政资金投入到村集体经济组织，由村集体经济组织采取债权投资或资产租赁的方式将资金（资产）入股（租赁）经营主体，不承担风险，经营主体每年按不低于入股金额的6%进行保底分红（租赁费），村集体提取一定比例的集体经营收益后，集体成员按股权获得分红。产业园项目财政投入资金534万元采取股权量化方式与农户建立牢固利益联结机制，每年村集体可获得收益32万元左右，覆盖带动全体村民集体增收。

五、政策支持，园区提升强保障

城固县委、县政府高度重视现代农业产业园创建工作，成立了园区创建领导小组，在政策、资金、技术等方面给予了有力支持。城固县政府整合涉农资金重点向果业产业倾斜，每年投入3 000多万元用于猕猴桃新建园补贴、基础设施配套和全产业链建设，陆续在猕猴桃基地修建园区道路、U形渠、水肥一体化等基础设施用于改善园区生产条件，为猕猴桃稳产、高产和可持续发展奠定了坚实基础。2021年又投入资金1 500多万元围绕提升柑橘产业组织化程度、提高标准化生产水平、改善柑橘生产设施条件、提高产业化经营能力、增强产业风险防控意识等方面开展柑橘产业转型升级示范村建设。

（张林　尚会荣　刘洋）

壮大培育产业集群 利益联结带贫带农

洋县省级现代农业产业园

　　洋县省级现代农业产业园位于汉中盆地东缘的"朱鹮之乡"，属陕南地区优质稻米和水果的产业核心区，也是陕西有机产业发展先导区。产业园两大主导产业面积23.4万亩，产量22.9万吨，年产值达31.8亿元。2020年以来，洋县抢抓产业园创建机遇，围绕"一县一业"，坚持有机引领，践行生态绿色发展理念，以乡村振兴为出发点，实施标准化基地建设、提升农业产业化水平、聚焦农业科技创新，统筹整合农业要素，打造具有县域特色的现代农业产业集群，不断创新完善农民增收利益联结机制，培育农业农村经济发展新动能，着力培育以稻米、水果为主导产业的有机产业，实现"三产三生"融合，创造出一条乡村产业振兴的绿色有机发展之路。

洋县乐康农业有机黑谷基地

一、坚持"五化"同步，夯实产业基础

（一）主导产业基地规模化

洋县先后获批国家有机产品认证示范区、全国朱鹮生态保护产业知名品牌创建示范区和国家农业绿色发展先行区，辖"朱鹮"和"长青"两个国家级自然保护区，是西北地区最大的有机产业聚集地。洋县依托产业园优越的自然地理条件，大力发展以稻米和水果为主的有机产业，坚持"1+5"的产业发展规划，打造标准化优质稻米示范基地15个，培育鸿源猕猴桃、草坝黄金梨、马畅柑橘、柳山桃李果等10多个果业示范园区，产业园良种覆盖率达100%，主导产业覆盖率达68%，形成"村村有产业、镇镇有样板"的发展格局，出产的洋县有机黑米、洋县有机猕猴桃系列产品品质优、品相佳，颇具市场竞争力，产业规模稳中有增。

（二）产业发展水平科技化

"种子是农业的芯片"，洋县围绕主导产业，不断调优推广优良品种，开展了123个品种的水稻种质资源保护试验示范，试验黑稻及彩色稻名特优水稻品种6个，实施种质资源保护76个品种（系），预留47个名优特品种，保障了洋县稻米长远发展，同时引进了川优6203、美香占、丰优香占、粤术丝苗等适宜种植的水稻品种，引进红阳、阳光金果等猕猴桃新品种，辅以高产创建、机械化育插秧、耕地质量保护与提升、节水灌溉等种植技术，配套开展良种繁育和技术试验示范。先后建成省市企业研发中心5个、省级农业科技园区1个、省级星创天地1个、省级院士工作站1个、市级专家工作站4个，建成了全国首个专业从事绿色有机产业研究的机构——洋县有机（绿色）产业专家工作站，聘请国内知名专家7名，其中二级以上教授4名，配套中高级农业科技工作人员12名，保障科技咨询和技术支撑。以"产业科创平台打造、产学研资源聚集、科研创新能力提升和人才队伍培养"为主线，实现了农业科技转化和市场规模化应用，激活了农业创新新动能，实现了绿色有机产业的价值增益和市场竞争力。

（三）实行绿色农业标准化

围绕五大产业和稻渔综合种养开展创新技术试验，优化集成绿色高产种植（养殖）、自控管理、统防统治三大技术途径，探索创新了以合理密植、精准配方施（有机）肥、绿色综合防控一体化等为核心的绿色种养技术应用模式，形成洋县绿色生产技术规程，制定完善了洋县黑米、洋县红米等一系列农业绿色发展相关技术规范和技术标准并颁布实施。全县累计认证绿色食品3个、国家地理标志产品3个、有机食品15大类85种，认证有机基地15.1万亩，认证面积稳居全省第一，化肥和农药使用率逐年降低，农机总动力达22万千瓦，主要农作物耕种收全程机械化率达54%，秸秆禁烧率达100%，绿色发展水平不断提高。

（四）生产经营集约化

以培育家庭农场、龙头企业、农民专业合作社为抓手，实行"基地＋加工＋研发＋销售"的发展模式，提升产业聚集度。产业园新建稻米生产线5条，有机黑米深加工生产线2条，水果包装储藏库房5 000立方米，果品自动分拣线3条，冷库（气调库）2 200立方米，打造双亚、永辉、鸿源、乐康等15个示范带动成效显著的农业园区，新培育树堂农业、鹮悦公司、圣泉农业、秦鹮农业、陕果集团等一批市级以上农业产业化龙头企业，建成有机产业加工示范园区1个，招引15家有机产品加工企业入驻，培育创建示范合作社32个，认定家庭农场224家，申报社会化服务主体32家，各类农业经营

洋县珍鹮有机猕猴桃示范园

主体数量不断增加、规模效益逐渐凸显。

（五）农产品销售品牌化

打造了"食补国宝 洋县黑米"和"朱鹮之原 有机洋县"两大农产品区域公用品牌，编制了全国首个《有机品牌发布战略规划》，在西安、郑州、杭州召开了洋县农产品区域公用品牌发布会，成功举办了第三届中国有机大会，申报国家地理标志产品3个，注册"洋县五彩米""洋县黑米酒"地理标志证明商标2件，注册"朱鹮牌"商标6大类80多种，实现"朱鹮"有机品牌全覆盖，黑谷酒、五彩米、红薯粉条、黑米醋、香菇、木耳等有机产品畅销北上广深等一线城市和沿海发达地区。培育"周大黑""双亚""朱鹮湖""羚牛""晶霞""鸿源""汉水良乡"等知名农产品品牌20余个，"洋县朱鹮生态有机产品"区域公用品牌价值评估高达70.57亿元，跻身全国农业区域品牌价值百强榜。

二、强化政策保障，助推产业提质增效

（一）政府重视，落实工作责任

稻米是产业园的主导产业，更是粮食安全的重要板块，洋县县委、县政府坚持党政同责，始终把稳定粮食生产作为县域经济发展的"压仓石"，实行县级领导包镇（街道）、镇（街道）主要领导包村、农业干部包片、村组干部包户的"四个一"工作机制，既要保证稻米等粮食安全，又要将产业做大做强。成立了洋县省级现代农业产业园建设工作领导小组和办公室，层层夯实目标任务、压实工作责任，确保高标准、高规格建成省级现代农业产业园。

（二）多级联动，加大财政扶持

现代农业产业园是乡村产业振兴的重要抓手，稻米和果业作为两大主导产业，对带动洋县产业发展提质增效具有良好的引领示范作用。围绕主导产业，洋县制定出台了《洋县黑米产业发展实施方案》《洋县果业兴旺工程实施方案》《洋县财政衔接资金支持产业发展奖补办法》《财政支持粮食蔬菜经营主体贷款贴息通知》等政策性文件，累计下达涉农整

合资金1.7亿元用于产业发展，每年列支财政资金1000万元专项支持稻米和水果产业，通过实施基地提升、加工仓储物流、科技创新支撑、社会化服务和绿色发展等项目，逐步提升洋县农业产业化水平。

（三）追根溯源，保障农产品安全

实行农产品质量安全一票否决，全面推行农产品质量安全可追溯率100%，农产品抽样合格率100%。坚持以有机为导向，推广有机种植技术，有机稻米种植面积达2.36万亩，有机果园达1.7万亩，有机产业基地认证面积逐年扩大，有机农产品品类逐年增多。对标农产品质量安全示范县创建标准，以生产基地监管为重点，县城中心蔬菜批发市场、集贸市场、超市日常抽检监测全覆盖。2022年抽检农产品样品合格率为100%。全面推行食用农产品合格证制度，主要农产品质量安全可追溯率达93%，未发生农产品质量安全事件。洋县成功创建省级农产品质量安全示范县，正在聚力打造国家优质生态产品供给基地。

（四）聚焦扶贫，强化利益联结

洋县始终坚持产业项目联农带农，以培育和壮大县域特色优势产业为着力点，通过涉农资金支持发展种植业、养殖业、农副产品加工业、民族手工业、乡村旅游业。支持农业品种培优、品质提升、品牌打造、标准化基地建设、标准化生产，支持带动低收入户增收效果明显的农业产业化企业、农民专业合作社、家庭农场、专业大户、农业社会化服务组织等新型农业经营主体独立申报项目，建设农产品加工、仓储保鲜、冷链物流、分拣分级、烘干设施及产业园配套基础设施。明确要求通过土地流转、劳务用工等方式每带动1户脱贫户增收2000元以上，可给予财政奖补资金2万元，并将联农带农作为项目绩效评价的重要指标。带动农户增收作用显著，形成了多层次、多渠道参与发展的良好格局，产业园内主体实施的项目带动398户脱贫户和2260户普通农户增收，形成了产业发展、农民增收的双赢局面。

（柯红军　周世庆　刘俊）

推行"332"建设模式　促进产业园建设

吴起县省级现代农业产业园

吴起县位于延安市西北部，地貌属黄土高原梁状丘陵沟壑区。吴起县省级现代农业产业园区位于吴起县东北部，分为周湾镇、长城镇两个片区。自2021年批准创建省级现代农业产业园以来，吴起县始终把产业园建设作为产业振兴的主要抓手，以务农、为农、兴农为根本宗旨，以提高农业质量效益和竞争力为中心，以果蔬、养殖产业扩量、提档升级为主线，产业园累计投入1.8亿元，创建果蔬生产基地总面积3.65万亩，其中设施果蔬核心基地2 000亩。产业园始终坚持"生态、绿色、高效、富民"的发展理念，不断调整农业产业结构，力推"332"建设模式，着力打造省级现代农业产业园，逐步走出了一条以果蔬、养殖产业为主导，实现产业振兴富农惠农的发展之路。

吴起县长城镇设施蔬菜种植基地

一、紧抓"三个建设"，夯实产业园基础

（一）果蔬生产基地建设

按照"产量提升与质量提升并举"的发展思路，以提高产业园果蔬系列产品市场竞争力为核心，以增加农民收入为出发点，不断健全果蔬生产体系，打造果蔬产业科技示范基地。近年来累计建成果蔬生产基地3.65万亩，其中包括以水肥一体化技术为主的无公害大田瓜菜生产基地13 000亩，果蔬设施基地2 000亩，包括大拱棚500座、大跨度日光温室150座、大跨度冷棚2座、联栋拱棚12座；种植红花一号西瓜、新品种辣椒、贝贝南瓜、黄金2号、新绿板栗南瓜、火龙果、翡翠萝卜等新品种30余种。2022年果蔬产量达到6.65万吨，占全县果蔬总产值的60%，产业园总产值达到15亿元，主导产业产值达到10.5亿元。同时全面普及无公害蔬菜生产技术，引进了智慧农业平台技术，依托龙头企业（合作社）认证无公害基地新增1万亩，建成吴起县果蔬无公害栽培示范区。

（二）加工配套及营销物流体系建设

推广先进的农产品后整理设施建设，重点以现代气调库、预冷、自动化分拣、清洗、加工、仓储、包装、电商物流等农产品后整理和电商服务的配套建设为主，共建设现代化气调库6座、农产品后整理服务中心2处、电商服务中心2处，建成全县首家4.0智慧农业平台，引入农产品追溯系统，利用大数据物联网技术和大数据集成系统，对园区各类农产品从种植、浇水、施肥、采摘、包装到销售实行全程在线可视化监控。扶持农业龙头企业、合作社等新型经营主体，购置果品冷链冷藏运输车，结合产地冷库、销地中转冷库等物流节点，建成冷链物流网络体系。全面搭建"互联网＋吴起县果蔬"电子商务体系，建设吴起县果蔬电子商务交易中心，在阿里巴巴、天猫、京东等平台增设专营网店，实现线上线下、直供专卖、批发连锁等全网多渠道销售和服务。休闲农业采摘园建设工程初步形成，让日趋成熟的游客市场圈辐射周边县市并不断向外扩大。

无公害辣椒种植基地

（三）农旅融合示范基地建设

依托长城镇、周湾镇涧地平缓和水域宽广等自然条件，以省级现代农业产业园为抓手，通过农旅融合的方式连接休闲农业及乡村旅游，打造农旅融合示范园区。建成绿色生态休闲采摘园、观光垂钓园、花海摄影秀等示范点，让日趋成熟的游客市场圈辐射周边300千米的范围并不断向外扩展，提升农旅融合发展效益，带动群众增收致富。自2019年以来，累计接待游客10万人次，总收入达900万元。通过项目带动、示范引领，产业园逐步形成以特色种植、乡村旅游、休闲采摘为一体的农旅融合发展新业态。

二、紧抓"三个关键"，提升产业园质量

（一）以"经营主体"为关键，激发产业发展活力

吴起县省级现代农业产业园通过培育壮大龙头企业，发挥企业示范引领作用，吸纳园区周边农民进园打工，有力地支撑起国家级产业园"建得起来""走得长远"。吴起县在产业园的创建过程中通过"政府引导、龙头订单、联社统筹、小组管理、按户经营"的经营管理模式，按

照"公司+基地+农户+营销体系"的模式，将果蔬产品和市场紧密"连"在一起。2022年签订果蔬回购订单面积1万余亩，带动农户900余户，实现果蔬销售额近1亿元。新增涉农龙头企业1家，发展200亩以上农民合作社7个，50亩以上的家庭农场22个。截至2022年底，产业园已有各类农业企业10家，股份合作社13家，家庭农场220家，农机专业合作社14个，社会化服务组织20家。新型农业经营主体逐步成为产业园发展的主力军，推动了小农户与现代农业的有机衔接，提升了产业比较效益，促进了产业园发展，带动了农民就业增收。

（二）以"技术科技"为关键，提升产业生产能力

一是强化技术保障。为提高果蔬产业的质量和科技含量，产业园以龙头企业为主体，不断延伸农业产业链条，增加农产品附加值，带动创业就业。目前已建成镇级就业基地和农民实用技术培训基地，培养农民技术员14名，高素质农民230余人，实现实用技术培训3万余人次。

二是实行动态追溯。产业园致力将农产品安全追溯、农业物联网技术与农业生产经营相结合，进一步扩大4.0智慧农业平台覆盖面，新装可视化设备47套，对园区各类农产品实行全程在线可视化动态追溯。同时，将园区动态追溯信息嵌入智慧吴起平台，真正实现全程生产可监控、健康绿色可追溯，确保舌尖上的安全。

三是打造"数字农业"。产业园抓住在双湾涧村先行试点打造数字乡村的发展机遇，采取资金整合、项目捆绑的办法，运用新一代信息技术，以智能硬件为基础、数字化平台为载体、数字化运营为主线，将5G网络、支撑平台与数字应用等相结合，引入农产品监测系统，利用大数据物联网技术和大数据集成系统，推进产业数字化，建立数字化园区，示范带动全县产业"有温度、能感知、智生产"，持续提升生产能力，提高产出效益，带动群众致富，助力乡村振兴。

（三）以"品牌建设"为关键，提升市场竞争力

通过新型经营主体与国家农产品质量检测中心一步对位，注册了"宁塞红""古宁塞""边墙渠""绿盛"4个商标，成功注册了"蓝湖绿禾"农产品品牌，策划包装了樱桃、贝贝南瓜、大闸蟹、胡萝卜、辣椒等农特产品，并

且全部通过了无公害农产品和绿色食品认证，同时利用追溯二维码，给产业园农产品穿上了文化的马甲、插上了互联网的翅膀，通过客商联姻、市场电商实行订单线上线下立体销售，推动园区农产品进入中高端消费市场，辐射带动全县农业产业提档升级，提高产出效益，增强市场竞争力度。

三、紧抓"两个核心"，促进产业园发展

（一）以"资源整合"为核心，提升产业发展质量

吴起县充分发挥党组织的核心引领作用，最大限度整合园区土地、市场、销售等资源要素，积极为合作社、产业大户等新型农业经营主体干事创业提供综合性服务。建立"产业理事会"，鼓励党员带头土地流转，带头引技术、抓项目、带产业，支持在土地流转、统一规划、规模种植、加工销售等方面抱团发展，支持个体果蔬产业种植区划入现代农业产业园管理经营，持续扩大农旅融合示范园区带动效应。实施了特色农产品加工、冷链、仓储、电商营销中心等项目，建成果蔬分拣包装加工厂2处，引进果蔬包装设备2套，引进供应链管理公司1家。品牌化销售特色农产品和文创产品，不断延伸农业产业链条，带动农民创业就业，把个体农户紧紧地镶嵌在产业链上，纳入到合作经营的大家庭中。

（二）以"增收致富"为目的，农旅融合效益不断凸显

产业园已成为龙头企业带动、现代生产要素集聚、建设水平领先、农民参与度高的现代农业发展示范中心，聚焦打造县域农旅融合综合性示范基地目标，产业园建成了绿色生态果蔬休闲采摘园、观光花海摄影秀等示范点，提升农旅融合发展效益，带动群众增收致富。目前，产业园果蔬种植面积达到3.65万亩，通过标准化生产技术集成应用，使果蔬产量增加50%以上；全程机械作业率达80%以上。通过吸纳务工，带动3 000人在"家门口"稳定就业，定期开展实用技术培训，群众劳动务工与技能提升做到有机结合，同时带动群众兴办农家乐5家、农特产品零售店6家，户均年增收近3万元，实现了群众收入由单一化向多元化转变。

（王生宝 张元明）

开辟园区发展新路径
拓宽乡村振兴致富路
黄龙县省级现代农业产业园

　　黄龙县省级现代农业产业园核心区位于黄龙县三岔镇，规划总面积312平方千米，覆盖3镇11个村。近年来，黄龙县委、县政府紧紧围绕"一心一带两区五基地"布局，坚持产业多元融合、路径多维选择、利益多方链接的思路，着力打造品牌突出、业态合理、效益显著、生态良好的黄龙县省级现代农业产业园。2022年园区实现产值16.54亿元，其中一产产值4.33亿元，二产产值12.21亿元。产业园苹果种植面积达5.8万亩，产量达11.85万吨；果业总产值达到3亿元，农民人均可支配收入达到2万元以上。

黄龙县省级现代农业产业园设施农业示范基地

一、聚焦政策措施，保障园区项目落地

一是黄龙县成立了以县长任组长，县委副书记、分管副县长任副组长，农业、经发、财政、林业、畜牧等单位及项目区乡镇主要负责人为成员的黄龙县省级产业园区项目领导小组，制定《黄龙县省级现代农业产业园区实施方案》，统筹安排部署省级现代农业产业园各项工作，进一步明确任务，落实措施，夯实责任。

二是按照政府指导、企业投资、农户受益的模式，示范引领扩大以矮化苹果为主的苹果产业规模，出台《支持苹果产业发展的十一条措施》等政策性文件。通过五级联动机制，党委选派、跨村选任、企业选聘等人才选配方式，给每个村加派1名乡村振兴专员，配强村"两委"班子，交叉任职村办公司，集智集志、凝心聚力推动产业大发展。

二、聚焦主导产业，促进全产业链发展

一是抓生产基地建设。紧紧围绕三岔镇5万亩苹果产业，通过产业园区项目的带动，企业和农户自筹近亿元，新建矮化苹果面积2 000亩、短枝2 000亩、间伐1 000亩。先后建设苹果防雹体系1 400亩，完成孟家山千亩矮化苹果示范园等6个市级苹果示范园建设。

二是抓加工物流体系建设。实施集仓储物流、农副产品精深加工、新能源产业、电商孵化等为一体的苹果交易市场建设，将其打造成为黄龙县农产品加工销售中心，县级财政支持项目资金500万元，已完成1万平方米厂房和3 000吨冷气库框架建设，吸引一批集核桃、苹果、中蜂等产品研发、加工、销售为一体的综合加工厂入驻。全力推进苹果分级分选、冷链包装、精深加工等，配合省级现代园区项目已建成7 300吨冷库和2个苹果交易市场、3个果游观光园，完成2条4.0智能选果线建设，保障主导产业的持续发展。

三是抓数字园区建设。实施智慧农业物联网项目和农产品质量安全追溯体系建设，先后投资403万元分别在黄龙县农业农村局、三岔镇长石头村等地，建成物联网大屏监控系统21套、农业物联网监控系统7套、

物联网智能监控系统5套，以及农产品质量追溯系统、智慧农业集成系统、水肥一体化设备、农业气象智能监控系统、扫码设备各1套，将智慧农业建设项目入股集体经济合作社，提高产品品质和价格，保障农村集体经济的积累，保障群众利益落到实处。

四是抓品牌营销建设。组织项目区乡镇积极参加农高会、农交会、旅博会等省内外展会，先后签订销售合同金额达2 300万元，建成省内外直营店15家，并与秦皇岛、苏州、上海、深圳等客商及超市建立了长期合作关系，保障主导产业产品快速销售。园区内苹果产业形成了集生产、收购、储藏、销售为一体的产业链，使三岔镇引领了苹果产业发展新方向，使三岔镇苹果产业由乔化向矮化发展，适应世界苹果发展新方向。

三、聚焦经营主体，激发生产经营活力

为了加快第二产业发展，按照示范带动引领要求，黄龙县采取外招内培的方式，逐步扩大产业规模。

一是发挥招商企业带动作用。通过招商引资的方式，先后引进海升果业、陕果集团等农业企业，探索建立了企业、集体、农户利益联结、风险共担机制，把群众零散产业嵌入企业生产经营，逐步扩大生产、加工、销售等规模，实现市场化运作、规模化经营、集约化发展，切实降低生产成本和市场风险，实现三方共赢。两年来，与陕果集团合作建成三岔镇万亩矮化苹果示范基地，指导全县苹果产业快速提质增效。

二是壮大本地农业经营主体。充分发挥互助担保、土地评估中心、产权交易中心保障作用，鼓励农户依法采取转包、出租、转让及入股等方式，把土地承包经营权向专业大户、家庭农场、农民专业合作社、农业龙头企业、农村集体经济组织有偿流转，大力培育新型农业经营主体，实现由单一经营向多元化、适度规模经营转变。三岔镇新型农业经营主体总数突破100个，成立果业专业合作社14个，家庭农场29家，林果类大户（超过50亩）达到70家。

通过省级现代农业产业园的建设，园区主导优势苹果产业得到发展壮大，农业质量效益显著提升，产业园一二三产业融合发展的良好格局基本形成，聚集现代生产要素的现代农业产业集群初具规模，品牌效应

日益显著。2021年，产业园苹果种植面积达到5.8万亩，产量达到11.85万吨，产业园农业总产值达14.69亿元，其中果业总产值达到10.49亿元（第一产业产值达到0.71亿元，果品储藏、加工和关联配套产业等第二产业收入8.89亿元，营销、物流、服务、旅游等第三产业收入0.89亿元）；农民人均可支配收入达到2万元以上。

黄龙县通过省级现代农业产业园的建设，聚集了市场、资本、信息、科技和人才等现代要素，推进了农科教大联合大协作，促进了黄龙县苹果产业提档升级，推动了农业生产、加工、物流、研发、示范、服务等相互融合，加快了现代农业产业体系、生产体系、经营体系构建，引导家庭农场、农民合作社等新型经营主体入园发展，提高了农民参与度，创新了利益联结机制，建立了产业园苹果产业绿色、低碳、循环发展的长效机制，为农业农村经济发展注入了新的动力源。同时，培训果业技术骨干900余人次。

黄龙县通过省级现代农业产业园的建设，实施了高效节水灌溉工程，推广了苹果矮化密植栽培模式，提高了水利用率，减少了肥料及农药使用次数，降低了对水源、土壤、空气的污染，保护了农业的生态环境。通过果树的栽培，提高了三岔镇森林覆盖率，起到了防风固沙、保持水土等环境改善功效。通过发展果畜结合生态循环体系，既拓展了有机肥来源，增加了果园土壤有机质含量，提高了土壤地力，同时又促进了畜禽粪便等废弃物资源的有效利用，减少了环境污染。

（罗叶丽　都龙花　张国荣）

三产融合篇

SANCHAN RONGHE PIAN

汇聚资源要素
构建现代农业产业发展格局
南泥湾省级现代农业产业园

　　南泥湾是中国军垦、农垦事业的发祥地，是南泥湾精神的诞生地。南泥湾省级现代农业产业园位于延安市宝塔区，主导产业为果蔬产业，2022年园区果蔬面积6.5万亩，总产值11.98亿元。2020年以来，南泥湾开发区深入贯彻习近平总书记来陕回延重要指示批示精神，以创建省级现代农业产业园、国家农村产业融合发展示范园为契机，坚持高科技引领、大企业带动、多业态融合、群众性参与，推动产业转型升级、融合发展，着力构建"双核（农业科技创新核和现代化发展示范核）、一心（临镇农产品物流贸易中心）、一带（商贸物流和休闲农旅发展带）、多基地（果蔬种植示范基地）"的空间布局，确保南泥湾省级现代农业产业园创建工作取得长足发展，充分发挥了乡村振兴典型引领和示范带动作用。

南泥湾千亩稻田

一、以政策措施为引领，汇聚建设合力

（一）准确定位，科学规划布局

围绕"红色南泥湾、陕北好江南"总体定位，确立了南泥湾高质量发展的战略指引，形成了以南泥湾镇为核心、带动周边区域开发建设的"一心三镇两带五区"的发展格局。与上海交通大学联合成立全市首家高质量发展智库，制定《南泥湾高质量发展五年行动方案（2021—2025年)》《南泥湾开发区现代农业高质量发展实施意见》及《南泥湾开发区现代农业高质量发展两年行动方案》，将南泥湾镇定位为农旅融合示范区，打造休闲农业小镇；麻洞川镇定位为创新型现代农业示范区，打造农业物联网小镇；临镇定位为复合型农业产业聚集区，打造苹果产业小镇，为南泥湾现代农业高质量发展确立了目标，指明了方向。

（二）聚集要素，加大政策支持

园区采用家庭承包经营基础上的土地集约流转机制，由管委会牵头，各镇政府、南泥湾（集团）公司配合，根据企业需求以土地入股、转包、转让或置换等形式，满足驻区企业发展规模化农业产业项目用地需求，建成万亩高标准山地苹果基地、1 108亩南泥湾现代设施农庄、726亩湖羊养殖基地、千亩景观稻田等项目，为实现园区农业产业现代化提供平台支撑。

制定出台《南泥湾开发区省级现代农业产业园资金使用管理办法》《南泥湾开发区关于支持农业产业资金奖补办法》，规范资金投入及监管，建立政府引导、企业带动、农户和社会投入等多元化投资体系，推动中国农业发展银行、长安银行、西安银行、重庆银行、中国农业银行及各类风险投资公司、贷款担保中心为园区企业、合作社等新型经营主体和农户提供融资贷款服务。同时，争取国家和省级各类配套资金7.63亿元，募集社会资本9.83亿元，获批地方政府专项债券2.3亿元，省级产业园专项资金100%用于产业园建设。

（三）科技赋能，强化技术支撑

依托上海交通大学、中国农业大学、西北农林科技大学、延安大学、延安市农业科学院等科研院校，建设中国农业科学院延安苹果试验站、南泥湾智慧农业数字中心、南泥湾育苗基地、陕北小杂粮科普示范基地，配套无菌生产车间、温室冬暖棚、炼苗圃、脱毒原种圃、冷链物流中心等设施，进行良种繁育推广、良种脱毒、苗木扩繁，开展技术培训，填补延安脱毒苗木产业的空白。建设南泥湾现代设施农庄1 201亩，采用德国欧适能、以色列暖棚、顶部漫散射玻璃、苗床局部加温、计算机控制恒温恒湿、水蓄热内保温等先进技术，运行成本更低、更加节能，在西北地区达到领先水平。针对建园成本高、树体长势弱、水肥匹配差等突出问题，不断创新栽培方法，在总结原有"三枝一扶"、坑施肥水、豆菜轮茬、覆盖保墒等一系列技术的基础上，提升创新集成旱地苹果无支架密植节水高效"3332"栽培模式，应用豆菜轮茬、坑式防冻、八字修剪、四佳施肥、"三枝一扶"、坑施肥水等一大批实用技术，为产业发展注入强劲动力。

南泥湾产学研科普示范基地

二、以融合发展为重点，推进高效建园

（一）聚焦产业融合，大力发展农旅新业态

发挥南泥湾红色资源、生态资源优势，因地制宜发展农旅融合新业态，提升"南泥湾"农旅品牌知名度和影响力。建设生态养殖示范园，项目占地315亩，坚持"以水养鱼、以稻净水、鱼稻共生、综合利用"的生态理念，建设集鱼稻共生、流水养殖、生态观光等功能于一体的生态养殖示范园，实现水资源多级综合利用，打造大中小学生研学教育基地。建设南泥湾现代设施农庄，项目总占地约2 000亩，设施面积9万余平方米，包括日光温室及设施拱棚150余座、数字化育苗工厂2座、水蓄热内保温装配式日光温室10座，配套相关辅助设施及智能灌溉系统2套，旨在打造高端果蔬种植示范基地、农业技术推广与示范基地、现代农业人才培养与输出基地。依托南泥湾山地苹果、大米、杂粮、果蔬等特色产业，打造"南泥湾故事"系列产品，开发"红色南泥湾"农创产品体系，研发推出刺绣、布艺、陶艺等特色文创产品。结合4A级景区创建工作，完善智慧农旅服务系统，布局红色星球营地、夜游桃宝峪、蜂语秘境、露营基地等游览项目，筹办中国农垦经济研究会年会、南泥湾大生产80周年纪念大会、插秧节、"南泥湾·秋韵"摄影大赛、民宿设计大赛等系列活动，培育农家乐、农耕体验、乡村民宿、夜游经济等业态。

（二）聚焦绿色发展，积极发展生态农业

坚持"创新、协调、绿色、开放、共享"五大发展理念，发展草-畜-果（蔬）-肥及稻鱼综合种养等多种生态农业发展模式，按照农业种植和畜牧养殖配套发展的理念，建设726亩湖羊养殖基地，配套饲草加工厂、有机肥加工厂等上下游产业设施，构建新型种养关系，为园区生产绿色、有机高端果蔬农产品提供基础条件。强抓沃土工程，全面实施农业面源污染治理与环境保护示范工程，建成绿色果蔬农产品标准化集成示范基地6.5万亩，实现绿色苹果生产基地全域创建，获得有机认证17 000亩。制定生产资料入区门槛，严格执行农产品质量安全监管制度，落实病虫害绿色防控、有机肥替代化学肥料、秸秆还田等综合技术措施。

园区农产品质量安全追溯覆盖率100%，农产品抽检合格率100%，粪污资源化利用率89%，生产废弃物利用率100%。2021年10月，荣获全国农作物病虫害绿色防控示范县。

（三）聚焦品牌建设，积极发展品牌经济

对南泥湾品牌进行系统梳理，与中国标准化研究院合作，制定南泥湾品牌农产品生产标准及准入门槛，对符合标准的企业、产品进行品牌授权。通过多方发力、取长补短，实现"统一品牌、统一标准、统一质量、统一包装"的产业发展目标，采用展会、节庆等方式进行品牌营销10余次，将"中国品牌南泥湾计划"打造为新时代南泥湾精神的品牌载体，孵化并赋能中国自主品牌，建立"中国品牌南泥湾计划"在地场景与发布窗口、成果转化与产品体系，鼓励发展电子商务，推动南泥湾品牌经济创新发展。建设南泥湾农产品加工园区，配套南泥湾菜篮子分选包装车间、冷链物流体系，打造"南泥湾"品牌时令果蔬"24小时"经济圈。鼓励发展贝贝南瓜、黄金1号西瓜、金香玉蜜瓜、香菇、羊肚菌、番茄等高端果蔬，强化与榆林、太原、西安等周边地市农副产品市场合作，构建一二三产业联系纽带，推动产业融合发展。积极对接农业农村部农垦局、中国农垦经济发展研究中心举办南泥湾大生产运动80周年纪念大会，联合北京歌华发布"中国品牌南泥湾计划"，打造以苹果、大米、南瓜、陕北小杂粮等特色农副产品为代表的"南泥湾""南泥湾九龙泉""南泥湾大生产"3个核心商标，注册45个类别232个商品项目。

三、以建设主体为核心，助力乡村振兴

（一）培优壮大龙头企业，辐射带动新型经营主体

通过持续采取新型经营主体培育举措，积极引进北大荒集团、华润集团等国家级龙头企业2家，陕果集团等省级龙头企业1家，引进百果园、丰食农业、三家村供应链等多家涉农企业，发展山地苹果、设施果蔬、乡村旅游等产业，为区域农业产业注入发展动能。结合南泥湾深厚的红色文化资源，打造桃宝峪、马坊、南泥湾等乡村振兴示范村3个，扶持发展农村电商等新型经营主体83家、农民专业合作社62家、家庭农场

15家，随着新型经营主体数量不断增加、规模效益逐渐凸显。积极落实国家粮油、生猪等政策性农业保险政策，创新山地苹果、设施果蔬政策性保险试点2处，将园区主导产业纳入保费补贴政策范围，为园区产业健康持续发展探索新路径。

（二）创新联农带农机制，充分发挥助农增收作用

发挥南泥湾培训产业优势，采取"送出去、请进来"的方式，坚持集中与到户指导相结合，年均培训高素质农民及农村实用人才2 000余人次以上，保障园区每个农户主要劳动力掌握1门以上实用技术，为园区群众发展产业、扩大就业提供强有力的科技支撑。鼓励入区企业、农民专业合作社等新型经营主体通过土地流转实现适度规模经营，累计流转土地7 500亩，流转费900元/（亩·年），人均增收4 200元/年。不断探索创新联结机制，以延安农投集团冷链仓储业务为例，普通冷库仓储行情价格为0.44 ~ 0.50元/千克，延安农投给普通农户结算价格为0.32元/千克，给有建档立卡档案的脱贫户0.2元/千克，在仓储成本上给予优惠，鼓励果农进行仓储，避免果商地头压价，同时延安农投利用自有农业生产资料采购、农产品精深加工及销售网络和渠道，帮助果农统购、统销、代销，同农资企业及大型商超有了谈判的条件，结合农投自营选果、清洗、保鲜等业务，间接增加果品附加值及果农收益。通过土地流转、入园务工、订单生产带动就业创业12 650余人，带动脱贫人口就业108人。截至2022年底，园区果蔬产量突破17.8万吨，实现产值11.98亿元，区域农民农工人均可支配收入达到1.99万元/年。

（张峰　韩海军　赵东）

全产业链打造"小木耳"大产业

山阳县省级现代农业产业园

　　山阳县省级现代农业产业园位于山阳县西北方向，包含1办6镇26个村，食用菌产业规模8 030万袋，产值9.21亿元，占全县食用菌产业80%以上。创建以来，围绕食用菌产业发展，聚焦强基础、创特色，以技术驱动产业创新发展；优布局、兴产业，推动园区现代化、规模化发展；聚合力、增动力，联农带农促进农户增收，成功打造现代化生态种植基地、新型化农产品加工基地、区域农业科技创新服务基地，示范引领山阳县功能农业发展，带动全县农业转型升级。

高坎井岗黑木耳示范基地

一、强基础、创特色，以技术驱动产业创新发展

一是建强科技研发团队。联合南京农业大学共建食用菌联合研究中心，联合陕西省微生物研究所成立陕西珍馐食用菌研究院，组建了以微生物学、食品科学与工程、作物学为学科背景的本硕博为一体的科技创新团队，坚持以科研为先导，逐一破解菌种筛培育、保藏等行业发展难题。

二是牢牢掌握核心技术。依托"一中心、一院所"的科技创新能力，产业园已拥有菌种筛培育、保藏、防病虫害等系列核心技术，形成企业自己的核心菌种和核心生产技术，荣获高新技术企业证书。同时依托核心技术，制定了《山阳县富硒黑木耳生产标准技术规范》，形成了集生产环境、投入品、菌种、成产管理、病虫害防治等技术于一体的规范性指导操作指南，显著提高了产品质量。

三是构建核心技术示范基地。依托科研团队、核心技术及操作规范，在山阳县建设优质功能性食用菌生产核心示范基地1个，建立新品种400万袋推广栽培基地3个、开发食用菌深加工产品与功能性食品等新产品4个，技术培训2 000人次，以点带面建成核心技术示范基地。

四是突出特色提升影响力。围绕食用菌产业，建设中国"硒耳之乡"，全力创建全国富硒黑木耳单品冠军。以特色食用菌产品为中心，打造现代化生态种植基地、新型化农产品加工基地、区域农业科技创新服务基地，辐射带动形成生态循环产业链，不断提升园区在现代农业领域的影响力。

二、优布局、兴产业，推动园区现代化、规模化发展

（一）打造"两翼四区一片"新布局

构建以菌种培育、菌种生产为两翼，以加工区、包装区、周转区、仓储区四区为协同，形成一整片现代农业产业园的发展模式。联合和丰阳光食用菌产业园，总投资6.67亿元，建成集生产、培养、周转、包装区和冷链仓储物流为一体的现代化深加工配套设施，占地340亩，配建科

高坎井岗示范基地黑木耳生长情况

技研发、技术培训、试验示范、产品集散"四大融合基地"，年收入达7.8亿元，利润1.2亿元，成为山阳县现代高质量发展的新引擎。

（二）形成产业集群效应

围绕食用菌核心产业布局，充分利用县域生态林间核桃、板栗等废弃林业资源，出企业统一收购，建立木屑建工生产线，将生态资源转化为生产资源，企业年消耗2万吨木屑，直接带动区域林业经济年增长1 000万元。建立菌渣有机肥加工厂，对使用后的菌袋进行统一回收，进行二次加工处理，实现废弃物的更好利用，走生态循环利用道路。建立气调库，增强食用菌、鲜活农产品的仓储保鲜和运输能力。建立了食用菌深加工生产线，打造海鲜菇休闲食品、黑木耳等产品，年实现营业收入1 500万元。全县食用菌产业集群雏形基本形成，进一步带动运输、包装、深加工、销售全产业链发展，形成产业集群效应。

（三）推动园区现代化、规模化发展

目前，园区已成功建成集年产1 000万袋菌种生产区、6 000万袋木耳

菌袋自动化生产区（培养库、周转房）、年产1 200万袋珍稀菇类工厂化生产区、1 000吨食用菌产品深加工包装区和食用菌冷链仓储物流为一体的现代化加工体系。并以和丰阳光食用菌产业园区为中心，辐射周边区域建成10条整流域产业带，带动全县发展经营主体67家，建成生产基地69个，建设标准化大棚3 300个，实现综合产值16亿元。同时，依托食用菌产业，配套建设年消耗2万吨木屑的木屑建工生产线2条，5万吨菌渣有机肥加工厂，4 500吨气调库和建筑面积4 500平方米的冷链库，确保园区加速实现现代化、规模化。

三、聚合力、增动力，联农带农促进农户增收

（一）企业连农户，聚集发展动能

按照"微笑曲线"经营模式，将技术要求高的环节和产品销售环节亲自拿在手中，把劳动密集、操作技术简单的中间环节放开，通过"企业＋园区＋基地＋脱贫户"的发展模式，与各大基地（园区）签订菌袋生产、技术服务、产品回收合同，各基地（园区）又通过"借袋还菇"、租赁经营、资金入股等方式带动脱贫户参与食用菌生产，统一为各大基地购买食用菌综合收入保险，充分调动企业、基地及农户积极性，形成了"三带三保四收益"产业模式（即企业带基地、基地带农户、有效衔接带市场，专家指导保技术、订单生产保收购、保险兜底保风险，农户实现土地流转、经营利润、入股分红、劳务务工四种收益）。积极推广"借袋还耳""借棚还菇"发展方式，采取"工厂化菌包专业化生产＋农户分散出菇"管理，重点打造高品质富硒木耳、优质香菇、优质天麻为主的"一高两优"品种。充分发挥龙头链主企业作用，深化"三带三创"产业发展模式，实行企业合同供袋、订单收购、租赁经营、专家指导、统一管理、保险托底，农户通过土地流转挣租金、园区务工挣薪金、入股分红挣股金、自主经营挣现金，实现优势互补、多方共赢。

（二）强化技术支撑，搭建数字化平台

建立数字化信息管理智慧平台，编制《陕西和丰阳光生物科技有限责任公司有机生产质量管理手册和程序文件》和《无公害食用菌产品发

展规划》，将技术与规范有效整合，对食用菌的种植、采摘、包装等环节贯穿数字化管理，形成统一规范，实时在线监控各园区基地食用菌栽培状况。对食用菌基地的监测，保证了食用菌产品的优质安全。

（三）培育龙头企业，联农带农促增收

引导优势企业完成海鲜菇、蟹味菇、鹿茸菇、平菇、香菇、滑子菇、木耳、虫草花供港澳蔬菜种植基地备案，实现出口新突破。不仅增添了山阳农业经济发展的新动力，也为企业带来了较好的经济效益，带动了当地农民致富，起到了农民增收示范效应。同时依靠产业链聚集效应，全县1万余户脱贫户被有效镶嵌在食用菌产业链上，户均年增收1.2万元以上。除此之外，食用菌产业的发展使山阳县食用菌产业进入以功能农业为主攻方向的农业3.0时代。形成生产－加工－销售、产业园－科技－观摩的食用菌产业化道路，形成"两区一通"的模式（即自动化生产区、产品展示区和观摩体验通道），年接待观摩团120余次，推动大批中小企业向专业化、社会化发展，产生较强的内部规模效应。

（郑孔河　王少凡）

念好"融"字经 做大做强泾阳蔬菜

泾阳县省级现代农业产业园

泾阳县设施蔬菜农村产业融合发展示范园位于泾阳县中北部台垣地带，规划区域面积18万亩，其中蔬菜产业占地10.5万亩，占全县蔬菜占地面积的59.15%，总产量128.8万吨，占全县蔬菜总产量的69.97%。创建以来，园区围绕蔬菜全产业链高质量发展主题，聚焦"构建高效优质种苗繁育体系、加工仓储物流能力提升、科技创新能力培强、品牌宣传打造"四大任务，全面发力，增强泾阳蔬菜综合生产能力、供给保障能力，使泾阳县蔬菜三产融合取得显著进展。

泾阳县省级现代农业产业园设施蔬菜大棚

一、立足资源禀赋，强化产业主导地位

（一）大力发展设施农业

新建基础设施现代化、节水灌溉有成效、绿色技术全普及、自动化机械化有水平的泾富民、罗圈崖、张屯、樊尧、药树5个高标准示范园，集成示范设施蔬菜"三改一提"技术，引领全省设施农业发展，促进农业与休闲、旅游、生态、文化等产业深度融合，丰富乡村产业的类型，提升乡村经济价值。截至2022年，全县蔬菜种植面积39.04万亩，其中日光温室种植8.52万亩，拱棚种植12.49万亩。全县设施蔬菜总面积21.01万亩，位居全省设施蔬菜种植面积第一。

（二）提升县域种业成果转换能力

改扩建绿盈盈、泾云、泾润丰农3个育苗工厂，新建泽农丰育苗点，形成泾阳县"1+1+N"的产业源头支撑体系。第一个"1"指西安桑农蔬菜品种研发基地，第二个"1"指西北农林科技大学泾阳蔬菜新品种试验示范站，"N"指多个以蔬菜新品种示范推广、种苗繁育为主的新型经营主体。通过示范园建设，县域内有4个蔬菜现代化育苗工厂，15个专业化蔬菜育苗点，16家科技型企业。全县年可生产优质种苗1.5亿株，销售额达9000万元，种苗销售已覆盖咸阳、渭南、铜川、延安等地。年研发、引进蔬菜新品种300多个，认证县域自主研发蔬菜品种4个，筛选出适宜陕西关中地区栽培的专用蔬菜新品种18个。泾阳县成为关中地区蔬菜新品种中试车间。

（三）创建设施蔬菜绿色高质高效试点

按照延链、补链、强链的全产业链发展思路，以省级现代农业产业园创建、千亿级设施农业和国家级高质高效创建等项目实施为抓手，按照"龙头企业+合作社+村集体经济+农户"的发展经营模式，以"推动绿色蔬菜种植，实现高质量发展"为目标，以龙头企业为中轴，一连科研单位和政府部门，引进新品种新技术，申请财政支持，加快科技成果转化；二接老旧基地和农户，集中资金改造提升各村散户经营老旧基地，

将改造好的设施分包到户，群众自主经营，联合社签订电商及包销协议，统一管理，统一包装销售，既保证了质量，又保证了货源；三续村民委员会，与村集体合作，坚持党建引领，建设了云阳万亩科技创新园和泾云、关中环线2条蔬菜科技企业聚集带，打造了集科技交流、产品展示、观光休闲、科普教育为一体的泾富民蔬菜高新技术展示园，拥有占地500亩的安吴镇翠芳州农耕文化体验园及淇辉设施蔬菜标准化示范园，实现泾阳蔬菜绿色高质量发展。

通过试点建设，有机地将政府、大专院校、农户、村集体、龙头企业等产业参与者高度联结在一起，形成政府搭台、龙头企业主导、多方参与的产业运行模式。该模式下，科技成果得到有效转化，农民种植风险可控、生产成本降低，企业品牌可塑，村域经济可持续提升，"农业+电商"的新业态不断壮大，产业链条向后端，向下游不断延伸和拓展。

二、着力产业短板，提升加工仓储物流能力

（一）围绕区域特色，发展蔬菜精深加工

经过多年孵化，泾阳县形成了多个区域特色产品，有王桥屈家香菜、口镇紫皮大蒜、中张王浩红萝卜、口镇山底何黄花菜、安吴甘蓝、云阳西红柿等。围绕各区域特色农产品，泾阳县发动本土企业，建设王桥屈家香菜烘干厂、口镇山底何黄花菜加工厂、学明蔬菜专业合作社净菜加工生产线、润兴蔬菜专业合作社蔬菜冻干加工厂4个精深加工点。同时加大招商引资，引进河南欣绿禾农产品加工有限公司，建设欣绿禾豆芽菜生产厂，年加工鲜豆芽6 000吨，产值240万元。

（二）围绕产业集群，建设蔬菜初加工集聚带

围绕示范园核心区域和云阳、安吴蔬菜产业集群，建设天庆、鑫虎、新东南、田美如画、康源5个蔬菜加工点，完成鑫虎2 000平方米蔬菜加工标准厂房主体建设、新东南1个蔬菜无尘加工车间建设、泾润丰农1 500平方米净菜加工点建设，新建冷库3座，新增蔬菜生产线5条，年增加蔬菜加工量4 000吨，增加产值5 000万元。泾阳县关中环线两边已建设蔬菜储运冷库147座，蔬菜加工销售点17处，年净菜加工能力9万吨，

年仓储运输蔬菜20万吨以上，年中转销售蔬菜15.36万吨。集群区蔬菜流通服务组织160多家，蔬菜专业合作社130多家，年合同交易量500多万吨，交易金额3 019.5万元。泾阳县关中环线蔬菜初加工集聚带初步成型。

（三）围绕产业需求，发展配套产业

依托示范园项目，配套建设总面积800平方米的泾阳果蔬电商中心，内设8个直播间、20个直播工位、可容纳100人的培训教室、5间办公室；生产蔬菜运输冰瓶20万个，产值40万元，保障4万亩蔬菜冷链长途运输。由主导产业带动泾阳发展纸箱加工厂3家、农资经销企业103家、包装耗材经销部10家、温室大棚建设及材料销售等企业5家，有效带动了第二产业发展，使泾阳县蔬菜第二产业产值由原来的11亿元，增加到11.4亿元，产值增长3.6%。

蔬菜初加工

三、强化科技服务，增强产业发展综合水平

（一）提升种植水平

围绕设施农业"三改一提"技术实施，重点做好新型设施结构优化、

现代碳基生态液体肥土壤改良和节水灌溉等技术推广应用。同时推广以穴盘育苗、水肥一体化、熊蜂授粉、病虫害绿色防控、气象监测智能系统、自动喷淋系统为主的六大技术，通过新品种、新技术、新成果引进试验示范与推广，加速技术成果应用，逐步提升蔬菜生产基地的标准化、机械化、自动化生产水平。泾阳县新品种、新技术、新成果覆盖率达95%以上。

（二）壮大科技队伍

以西北农林科技大学泾阳蔬菜新品种试验示范站为依托，建设一支"大专院校＋省＋市＋县＋村"的科技创新团队，团队内不仅囊括西北农林科技大学的19位专家，也邀请省、市、县各农业技术专家及30名村级农民技术员加入，全方位为泾阳蔬菜发展提供科技服务。同时通过高素质农民培训，培养初级职业农民1 060人、中级职业农民149人、高级职业农民17人、全县共有持证上岗职业农民1 236人。

（三）开展科技服务

每年通过线上、线下形式完成蔬菜种植技术培训50期，培训人员5 000人次以上。同时聘请30名优秀农民技术员包抓全县89个蔬菜基地，实时有效指导菜农种植，示范带动群众科学增收。建立微信服务群，实时发布天气预警及技术指导信息，有效降低自然灾害及人为操作不当所带来的经济损失。

四、打造产业名品，提高产业综合效益

西红柿是泾阳县最大的蔬菜种植品类，也是泾阳特色蔬菜产业的一张亮丽名片。示范园依托产业特色，着力打造泾阳西红柿，提升产业综合效益。

（一）发展"农业＋旅游"，拓展农业功能

发展西红柿休闲观光及采摘，建设农耕文化体验馆、蔬菜公园、观光长廊，设立西红柿地标雕像，接待观摩学习92场次，5 000人次以上，

接待研学8万人次左右，接待来采摘的游客6万人次以上，示范园内产品均价达10元/千克，亩收入8万元左右，较一般农户高出25%左右，效益显著，示范带动性强。

（二）"农业＋电商"，延伸产业链条

示范园依托云阳镇电子商务运营中心，探索发展营销咨询、电商服务等关联产业，发展本土电商供应链企业100多家，"10万＋"粉丝量的网红30多个，年直播带货100多万单，销售额5 000万元。不断发展壮大"农业＋电商"新业态，不仅有自己的线上移动小程序，还与盒马、永辉、天猫、京东、美团等线上平台商家长期合作，有效延伸产业链条。

（三）"农业＋名品"，引导产业集聚发展

示范园推行农产品合格证自我承诺制度，依托"陕西合格证"App，建设农产品溯源追踪体系，壮大"泾阳西红柿"品牌，实行产品销售五统一管理（统一品质、统一包装、统一商标、统一规格、统一价格进行销售），推进品牌农产品不断向集约化、精细化迈进。2022年"泾阳西红柿"获选陕西省农产品区域公用品牌，获得全国第二批名特优新产品认证。

以补助形式，鼓励企业、合作社开展农产品绿色、有机认证，制定出台《泾阳县蔬菜产业发展扶持政策》，对认证过程中产生的费用，分别按照50%、100%的标准予以补助。全县认证绿色蔬菜15个、1 305亩，有机蔬菜14个、246亩。同时泾阳县制定了科学、规范、系统的品牌规划、品牌推广方案及品牌管理制度，规定了农产品区域公用品牌的生产、加工、经营性企业，品牌管理机构品牌使用申请资格、品牌评价指标、授权公司，名称、商标、徽记的使用管理，品牌推广管理等。规范了农产品区域公用品牌的使用与管理，增强了市场竞争力，提升了农业整体效益，促进了现代农业快速发展。在"政策＋服务＋管理"三重引导下，促进产业集聚发展。

（任苗　翁爱群　刘勇）

围绕补链延链强链　推动产业提质增效

西安市高陵区现代农业产业园

陕西省高陵区现代农业产业园位于高陵区鹿苑街道和通远街道，规划总面积15.5万亩，耕地面积7.37万亩，其中蔬菜面积5.4万亩，蔬菜种植面积覆盖率达到73.27%。产业园围绕蔬菜产业，以提高蔬菜产业质量效益和竞争力为中心、产业提质增效为主线、打造蔬菜产业"生产＋加工＋营销＋科技"的生产体系为导向，坚持"规模化、集约化、标准化、绿色化、品牌化"的设施蔬菜发展之路，着眼于延长、做强、优化蔬菜产业链，全面开展蔬菜产业扩规模、保质量、抓保鲜、创品牌等重点工作，推动蔬菜产业高质量发展，走出一条现代农业助力乡村振兴之路。

西安市高陵区中王农民专业合作社

一、延链条补短板，促进产业融合发展

（一）基地生产标准化

高陵区设施蔬菜产业历史悠久，群众基础良好，在规模化、标准化、集约化方面处于全省领先水平。项目区通过设施蔬菜种植，实现亩均收入2万元以上。产业园内蔬菜已全部通过无公害认证，无公害蔬菜覆盖率达100%。

（二）蔬菜加工集聚化

产业园现已与22家高校、5家超市的40余家门店、3家大型企业建立起合作关系；以产地批发为主，以"农超""农校""农企""农社"对接等多种销售形式为辅的综合销售"1+N"模式已初步形成。通过蔬菜加工和营销物流体系建设，实现蔬菜的初加工模式，提高了蔬菜附加值，增加了农民收入。

（三）农旅休闲融合化

依托设施果蔬采摘，发展休闲观光农业，现已培育以高陵场畔休闲观光园、通远红色文旅采摘园为代表的农业休闲园区。高陵场畔自2013年开始运营，截至2022年底，累计接待游客700万人次，收入3 000多万元，被共青团陕西省委、陕西省农业农村厅、陕西省文化和旅游厅评为"陕西省十大最美田园"。

二、践行绿色理念，推动产业循环发展

（一）绿色发展显成效

产业园按照绿色生态发展模式，持续推进农药、化肥减量增效，全面巩固耕地土壤污染防治成果，严格投入品监管制度，执行统一审核备案配送，全面普及物理、生物防治措施。建立10个病虫监测点，组织人员对病虫害发生情况进行全面普查。围绕粮果菜积极推广测土配方施肥技术，实施水肥一体化试验及耕地质量保护与提升试验。

（二）产品质量可追溯

园区在各大蔬菜生产基地推广无公害、绿色、有机蔬菜标准化生产技术操作规程，并将其印制成册发放到菜农手中，建立健全投入品管理、生产档案、产品检测、基地准出、质量追溯等全程质量管理制度，强化产前、产中、产后全程监管，定期抽检蔬菜，形成了产品质量安全管理长效机制。成立了西安市高陵区农产品质量安全检验监测中心，在全区建立了区、镇（街办）、村三级农产品质量安全网格化监管体系，基本实现全程质量安全可追溯。产业园果蔬抽检合格率达100%。

（三）种养循环再利用

产业园内8家养殖基地普遍建立堆肥场和发酵池，畜禽粪便通过堆肥、沤肥发酵后成为有机肥施用到农田，利用率达到90%以上；作物秸秆通过还田及发酵再次利用；大棚废旧薄膜通过回收实现再利用。实现了粪污、秸秆和农膜的无害化处理。

三、创品牌强科技，挖掘产业发展潜力

（一）品牌营销优势凸显

已注册"稞青""泾渭安民""清乡""袁吧吧""南茂號"等优势品牌，"稞青"商标和蔬菜成功晋级省级著名商标和名牌产品，是西安市唯一晋级省级的市级农业商标和品牌。随着绿色种植技术的推广和宣传，区域公用品牌的打造，高陵区设施农业的品牌效应和市场占有率不断提升，带动了产业园周边群众发展品质农业、品牌农业。农业科技成果应用覆盖面大幅提升，农业经济效益显著，农业科技贡献率达到70%以上。

（二）科技带动能力强劲

2002年高陵区成立了高陵区蔬菜产业服务中心，下设蔬菜技术推广站，现有机关管理人员7名、高级农艺师1名、农艺师4名、助理农艺师2名、技术员3名，负责蔬菜生产全程服务，指导蔬菜生产。中心每年举办各类技术培训80期以上，培训人数上万人次，发展农民技术员450人，

建立健全了农民技术员考核机制。目前蔬菜种类有11大类70多个品种，引进优良蔬菜新品种254个。多次组织果蔬农民技术员参加上合组织国家青年科学家交流会，培养国内领先的技术骨干队伍，经过多年发展，已经形成一支由3名西北农林科技大学专家教授、20多名素质过硬的农业技术干部、100多名实践经验丰富的农民技术员为主导的果蔬专业技术队伍。同时，聘请30名村级果蔬技术推广员，深入一线指导各村组、基地、示范园果蔬产业发展。高素质农民占农业生产经营者比例达到20%以上，农业科技贡献率达到58%。

（三）数字赋能蔬菜产业发展

产业园将智能化设备应用于蔬菜大棚，实现了"云上"种植管理，让高陵农业发展从"汗水农业"迈向"智慧农业"。打造了信邦、老屈庄两个数字农业示范基地，应用水肥一体机、智能温控、自动补光等新技术，让蔬菜大棚变身成为"绿色车间"，蔬菜园区变身成为"绿色工厂"。

四、育主体强保障，提升产业发展动力

（一）组织服务机构健全

成立了高陵区现代农业产业园建设领导小组，由高陵区区委副书记、区长担任组长，领导小组负责研究部署产业园建设重大决策，检查指导产业园建设有关工作。产业园建设主体清晰，管理方式创新，有适应发展需求的管理机构和开发运营机制，形成了政府引导、市场主导、多方参与的建设格局。高陵区财政建立产业园农民创业专项基金，重点支持企业新产品开发、新技术应用等。每年从产业园创业农民中，评选出"农民创业十佳标兵"，给予物质、精神奖励。对在扶持农民创业服务工作中表现突出、成绩显著的单位和个人，高陵区政府给予表彰奖励。

（二）新型经营主体不断壮大

产业园现有产业化规模企业20家、小微企业10家，其中省市级龙头企业4家；组建蔬菜专业合作社达30个，农民入社率80%以上；发展家庭农场10个、规模种植大户30家。大力推进"企业+合作社+农户+基

地"紧密型生产模式，积极探索农民增收新的利益联结机制。

（三）带动农民作用显著

产业园内菜园管理良好，相关配套技术集成水平高，现入社社员8 500余户，入社率达43%。园区实施主体普遍与农户达成"保底+分红"、土地返租、长期用工、农产品订单收购等合作协议，构建了稳定的利益联结机制。稞青合作社、中王合作社等采取土地流转返租和雇用劳务等方式增加农户收入。一系列创新机制通过入股分红、利益分成、劳务收入、蔬菜增值等方式累计为农户增收1 000万元。

（马小泾　刘国鹏　孙艺涵）

市级经验篇

SHIJI JINGYAN PIAN

推动园区"四级联创" 激发产业新动能

渭 南 市

近年来，渭南市坚持以富民增收为核心，以农业供给侧结构性改革为主线，以现代农业示范地建设为载体，紧扣建成黄河中游生态保护和高质量发展核心示范区的发展定位，聚焦聚力巩固拓展脱贫攻坚成果、全面推进乡村振兴，着力加快农业产业规模化、品牌化、标准化、产业化和绿色化发展，积极推进质量变革、效率变革、动力变革，努力打造现代农业园区"升级版"，推动生态、生产、生活"三生"融合，"粮袋子""菜篮子""肉案子""果盘子""奶瓶子""渔塘子""六子"联动，全力推动国家、省、市、县农业产业园建设"四级联创"，为全市现代农业产业园建设工作奠定基础。"渭南农业"已经成为西北地区乃至全国的一张闪亮名片。

一、基本情况

渭南市位于黄河中游，陕西省关中平原东部，南北长182.3千米，东西宽149.7千米，土地面积1.3万平方千米，常住人口462万人，辖2市2区7县和1个国家级高新区，现有108个镇、28个街办，2 071个行政村、257个社区。渭南是中华农耕文明的重要发祥地，自然条件优越，农业资源丰富，地势平坦，土质肥沃，是西北最优越的农业生态区，素有"陕西粮仓"之称。农业生产常年在陕西省占比领先，粮食总产量占全省的20%以上，水果总产量占全省的35%左右，蔬菜和瓜类总产量占全省的30%以上，肉蛋奶总产量在全省占有重要份额。2022年，全市农林牧渔业总产值达到769.63亿元，同比增长4.9%，增速排名全省第二，总量稳居全省第一。自2018年获批创建省级现代农业产业园以来，渭南市突出县域首位产业，加快现代农业产业园和国家现代化示范区创建，创新开展国家、省、市、县现代农业产业园"四级联创"。各级各类现代农业产业园区建设面积达到100万亩以上，形成了点上突破、面上带动、板块推进、规模发展的基本格局。截至2022年底，全市现代农业产业园农业总产值超过500亿元，其中主导产业实现产值300亿元。目前已批准创建各级各类现代农业产业园300余个，其中国家级2个、省级9个、市级40个、县级280余个，实现各县（市、区）、主导产业、一二三产业、市场主体全覆盖。

二、经验做法

（一）政府主导，推动有力

成立由分管副市长任组长的市现代农业产业园建设工作领导小组，印发《关于创建市级现代农业产业园的意见》（渭政发〔2018〕35号），5年来，以现有现代农业园区辐射带动，按照"一年有起色、三年见成效、五年成体系"的总体要求，每年列支市级专项资金1 000万元，创建10个市级现代农业产业园。引导现代农业产业园依靠先进经营方式，不断提升农产品品质，推动农村经济发展、引领农民增收致富。

（二）严审实查，动态管理

渭南市多年来坚持以最严苛的态度、最专业的方式、最规范的流程打造市级现代农业产业园。要求各县（市、区）作为创建主体以人民政府名义上报实施方案和建设规划，渭南市现代农业产业园建设工作领导小组办公室进行初步审查筛选后，将拟创建名单向全社会公示。邀请并组织至少具有国家级、省级现代农业产业园创建评审资质的专家教授，对拟创建的现代农业产业园逐个开展实地核查，并要求各县（市、区）人民政府参加答辩评审，现场打分并公布最终成绩，对排名靠前的10个产业园进行拟创建公示。逐步完善并建立"能进能退、动态管理、竞争评审"的绩效评价管理机制，高质高效开展市、县级现代农业产业园创建及认定工作，市园区办将对指标完成、绩效评价、经营收益等情况较差的产业园进行摘牌，取消涉及县（市、区）的下一年度申报资格，并对已认定的产业园加强监管和考评。同时，加大"四级联创"构建力度，市级以上现代农业产业园的创建和认定，坚持逐级申报，县政府未认定的，原则上不得申报市级以上产业园。

（三）多元参与，效益显现

现代农业广阔的发展前景和政府扶持力度的不断加大，吸引了越来越多的企业投资现代农业产业园，渭南市的农业产业园经营者大多为私营企业主和农村的致富能手，吸收了周边群众以专业合作社的形式运营，这些社会资本为产业园的建设和经营提供了有力的保障。产业园以"公司（合作社）+基地+脱贫户"的模式，以土地流转、园区务工、产业帮扶、入股分红的方式，辐射带动周边7000余户贫困户脱贫，带动4万余农民增收。产业园区内的农村居民收入高于当地农村居民收入13.5%以上。

三、实践效果

（一）补短强弱，提质增效

实现"零的突破"。渭南市坚持把特色优势产业作为助推县域经济高质量发展的重要抓手，高标准科学谋划，高水平全面布局。大荔县、富平县先后入选国家现代农业产业园创建名单，实现了渭南市国家现代农业产业园"零的突破"。

实现"稳的增长"。积极推进质量变革、效率变革、动力变革，初步呈现各级各类现代农业产业园建设竞相发展、健康发展、快速发展的良好态势。全市获批创建国家现代农业产业园2个，省级现代农业产业园9个，市级现代农业产业园40个，县级现代农业产业园280余个。

实现"快的发展"。坚持把推进现代农业产业园建设作为加快现代农业发展的重要抓手，聚集带动效应、提升生产设施水平、完善配套功能服务、拉长产业链条。目前，大荔县国家现代农业产业园已通过国家中期评估，合阳、富平、临渭、白水、澄城5县（区）省级现代农业产业园已成功认定，认定率和认定数量均列全省第一。渭南市现代农业产业园"四级联创"格局已初步构建，并呈现出快速发展的良好势头。

（二）拓展功能，示范引领

强搭建，优化经营载体。产业园成为农业适度规模经营的载体，把产业规模化作为产业园建设的首要条件，按照省市级现代农业产业园认定标准，依托土地流转服务平台，因区域、产业，推行多种流转方式，打破行政界限，推动规模经营，产业园流转土地占到全市流转总面积的30%以上。

重创新，强化科技支撑。产业园成为科技集成创新示范的依托，立足产学研结合，累计引进示范新技术新品种350余个，引进新技术200余项，自主培育新品种22个，研发新技术37项，依托产业园实训基地培育高素质农民2万余人，形成了研发攻关、集成组装、转化应用、职业培训"四位一体"，增强了农业科技创新驱动力。

树典型，促进农民增收。产业园成为一二三产业深度融合的典范，立足标准化规模化产业基地，推进农产品加工转化，培育园区自有品牌61个，50%以上的产业园产品通过超市直供、加工转化、电子商务等渠道销售，实现了资源优势转化为产业优势和经济效益。

（三）梯次推进，延链强链

市级现代农业产业园创建工作启动以来，各产业园坚持以建设工业园区的模式建设现代农业产业园，与乡村振兴工作相结合，依据自身优势不断提高发展定位。用活现有资金、发挥政策优势，全面推进现代农业产业园创建工作，形成梯次推进蓬勃发展格局。坚持把推进现代农业产业园建设作为加快现代农业发展的重要抓手，制定扶持政策、加大工作力度。凸显特色产业聚集带动效应。提升生产设施水平，完善配套功能服务，促进一二三产业融合发展，拉长产业链条。引领创新创优创业良好发展。先后建立专家工作站10余个，与中国农学会葡萄分会会长刘俊工作站、郑州果树研究所合阳示范站、西北农林科技大学葡萄试验示范站建立长期稳定的合作关系，为产业园的发展提供科技支撑。

四、启示启发

渭南市将致力打造现代农业产业园作为乡村产业振兴的"领头羊"，农民就业增收的"动力源"，县域经济增长的"新引擎"，乡村建设的"助推器"，实现现代农业产业园建设高质量发展，奠定农业农村现代化坚实基础。

（一）强力构建产业引领

发挥产业优势、整合品牌资源，做大做强"5+2"特色现代农业全产业链，推进产加销一条龙、贸工农一体化发展，建设一二三产业融合发展区。构建种养有机结合、产加销于一体的农业全产业链，聚焦巩固拓展脱贫攻坚成果，全面推进乡村振兴，全力构建生态、生产、生活"三生"融合，"粮袋子""菜篮子""肉案子""果盘子""奶瓶子""鱼塘子""六子"联动良好格局。

（二）积极探索发展模式

探索建立充满生机与活力的运行体制机制，创新产业园管理方式，推广临渭区葡萄省级产业园"管委会+公司"运营模式，引导各类新型经营主体广泛参与产业园建设运营；完善综合服务平台建设，强化市县与产业园之间的信息资源共享，提供政策、信息、法律、人才等全方位服务，形成支持推动产业园建设的聚集效应。

（三）持续优化联结机制

加快打造新型农业经营主体和服务主体与农户之间的利益共同体，发挥外联市场、内联群众的作用，按照"主体做两端，群众干中间"的产业发展分工机制思路，创新土地流转方式，探索扦管式、分红式、入股式、订单式等多种土地流转的方式，增加农民流转土地的收益，增强产业园土地的稳定性和内生动力。

（四）加大品牌营销力度

聚焦区域资源禀赋，发挥产业优势、整合品牌资源，做大做强白水苹果、蒲城酥梨、大荔冬枣、合阳红提、临渭葡萄五大区域公用品牌，进一步推出澄城樱桃、华州蔬菜、富平羊奶粉、潼关软子石榴等区域公用品牌，提高产品的影响力，做好品牌的宣传、推广和保护。

（尚杰　孟甲）

"五新"引领园区发展
赋能乡村产业振兴

安 康 市

安康市把园区建设作为破解立地条件差、环保约束多、土地成本高的最佳途径，按照"新理念引领、新方式建设、新技术支撑、新主体运营、新机制保障"的思路，集约利用各类资源要素，推进园区集成式发展，探索出一条"产业引领、园区承载、科技支撑、龙头带动、品牌提效"的现代农业发展之路，为拉动经济增长、助力乡村振兴凝聚了新动能。

一、基本情况

安康市位于陕西省东南部，集生态功能区、最大天然富硒区、南水北调中线重要水源涵养区于一身，辖8县1区1县级市，总面积2.35万平方千米。2012年安康市认定命名首批市级现代农业园区，通过10年的实践，安康市已把园区建设作为破解立地条件差、环保约束多、土地成本高等难题的最佳途径，按照"新理念引领、新方式建设、新技术支撑、新主体运营、新机制保障"的思路，创新实施"百园航母、千园提升、村村覆盖"三大工程，推进国家、省、市、县现代农业产业园"四级联创"，形成了一批集中度高、规模大、效益好的多元化优质产业园，探索出一条欠发达地区以园区建设助力乡村产业振兴的新路径。截至2022年底，全市建设各级各类农业产业园区1 708个，其中获批创建国家现代农业产业园1个、省级现代农业产业园8个、省级现代农业园区36个、市级现代农业园区497个、县级现代农业园区1 166个。

二、经验做法

（一）坚持新理念引领，科学定位园区功能

突出"特色、共享、开放"发展理念，围绕特色产业、农民增收、开放发展，科学定位产业园发展方向与功能。一是突出特色式建园。以当地资源和品种优势为基础，突出生猪、茶叶、魔芋、核桃、渔业五大特色产业，融入产业、品牌、科技等优势，打造特色突出、优势鲜明的现代农业园区，夯实产业基础。二是立足共享式创收。把持续增加农民收入作为出发点和立足点，探索建立产业到户到人、利益联结到户到人、风险防控到户到人的现代农业产业园带贫益贫新路子，积极拓宽农民增收渠道，共享发展红利。三是推动开放式发展。按照"种养农业建基地、产业农业深加工、休闲农业观光游"三产融合发展思路，推进初级加工、精深加工、综合利用等多元发展，纵向拉长农业产业链，横向拓展农业多功能，打造协同一体发展的开放园区。

（二）推行新模式建设，助推园区融合发展

充分发挥区位优势，立足资源禀赋，创新实施"百园航母、千园提升、村村覆盖"工程，推进国家、省、市、县现代农业产业园"四级联创"，持续推动现代农业园区转型升级、提质增效。一是以"百园航母"为重点，紧紧围绕五大特色产业，建设50个标准高、效益好、带动力强的市级航母园区和50个县级航母园区，引领全市产业发展。二是以"千园提升"为抓手，坚持数量增长和质量提升并举，在全面提升以建设园区的发展质量、经营效益和带动能力的基础上，持续开展国家、省、市、县"四级联创"，推动产业集聚，助力产业振兴。三是以"村村覆盖"为目标，突出易地搬迁安置点产业园建设，切实增加搬迁群众收入，为巩固脱贫攻坚成果和乡村振兴有效衔接奠定产业基础。

（三）突出新技术支撑，实现园区智慧化运行

积极探索"互联网+园区"有效应用模式，推进互联网与园区生产、经营、管理全过程融合，打造高品质智慧农业示范园区。一是注重科研

创新。深化与中国农业科学院、西北农林科技大学等重点科研院校的合作开发，采取技术入股、人才引进等方式积极搭建人才支持平台，推进"产学研用"落地园区。二是注重智慧建园。积极实行智能化生产和智慧化监管，运用数字技术优化茶叶、蔬菜等农业产业链，提升园区管理服务水平。三是注重人才培育机制。按照"职业机构培训＋企业资源共享"的模式，借助龙头企业人才资源，定期组织园区农业人才开展农技等方面培训，为园区长远发展提供坚实人才支撑。

（四）培育新经营主体，提升园区综合效益

按照"政府引导、企业运作、农民受益"的要求，坚持"内育外引"相结合，做大做强园区经营主体，激发现代农业产业园发展的内生动力，推动园区效益持续提升。一方面，以全市"十百千万"[10家国家级农业产业化重点龙头企业、100家省级重点龙头企业、1 000家市级重点龙头企业（合作社）和10 000名高素质农民] 农业经营主体培育工程为契机，加大国家级龙头企业、省级龙头企业培育力度，辐射带动园区做大做强；另一方面，创造条件，落实政策，加大农业招大引强力度，引进一批带动能力强、产出效益高、市场联结紧的农业产业化龙头企业参与园区建设，为园区发展注入新动能。

（五）创新保障机制，推动园区长远发展

聚焦破解农业现代化发展中资金不足等制约因素，探索建立必要的保障机制，强化园区综合服务功能，推动园区持续健康发展。一是创新投融资机制。安康市财政每年安排近2 000万元专项资金用于园区创建奖补，各县（市、区）出台富硒特色产业贷等园区配套政策，最大限度调动各类资本参与园区建设。二是加强动态监管。结合园区发展实际，修订了《安康市现代农业园区（市级航母园区）认定管理办法》，印发了《安康市现代农业园区动态监测工作方案》，加强园区动态监管和效益评价，稳步提升园区发展层次和质量。三是强化包抓帮扶。出台了安康市重点现代农业园区包抓方案和考核办法，推进政策、项目、资金、人才、科技等资源向重点现代农业园区聚集，扶持园区做大、做强、做优。

三、实践效果

（一）壮大了主导产业，促进了产业振兴

形成了"建设大基地、发展大加工、创新大科技、开展大服务、培育大品牌"发展体系，提高了产业链现代化水平，园区已成为引领全市产业发展的风向标。截至2022年底，全市以五大富硒产业为主的农业园区达890个，带动特色农产品销量年均增长30%以上，其中生猪饲养量稳定在300万头以上，居全省前列；茶产业面积突破111万亩，"安康富硒茶"品牌价值达43.8亿元，位居全国20强、陕西第一；魔芋面积83.64万亩，面积、产量、产品加工均居全省首位；水产养殖面积、水产品产量、渔业经济总产值多年保持在全省第一方阵；核桃面积达到201.89万亩，居全省第二。

（二）创新了联农机制，增加了农民收入

构建"龙头企业（合作社）+园区+农户"的利益联合体，显著带动了农民就业增收。截至2022年底，全市获批创建国家级现代农业产业园1个、省级现代农业产业园8个、省级现代农业园区36个、市级现代农业园区497个、县级现代农业园区1 166个，构建了上下联动、以点带面、共同发展的园区建设格局，园区直接带动农户50.5万人，辐射带动周边农业人口83万人，园区内农民人均纯收入达到17 250元，比全省农民人均纯收入高1 550元，比安康市农民人均纯收入高3 882元；全市1 364个易地搬迁安置点配套建设产业园940个，实现100户以上有条件的搬迁安置点配套产业园全覆盖。

（三）培育了增长动能，壮大了市域经济

大力推动人才、土地、资本、科技、信息等现代要素向园区聚集，引导先进生产力"进园入农"，形成了一批上下游紧密协作的产业集群，成为市域经济发展的新动能、新引擎。截至2022年底，已吸引3家国家级重点龙头企业、62家省级重点龙头企业、499家市级重点龙头企业（合作社）入驻园区，通过示范带动，加快了园区建设进程、促进了特色产

业发展、带动了产业转型升级，园区年产值达331亿元。

（四）促进了产村融合，带动了乡村建设

充分发挥安康绿水青山、田园风光、乡土文化等资源优势，将园区建设与休闲观光、民俗风情有机结合，培育了一批生产、生态、生活相融相促的乡土小村、特色小镇，形成了产业围绕新村转、新村围绕产业建的乡村建设布局，促进了乡村功能提升和农村人居环境改善。据统计，园区累计引进新品种1 849个、新技术1 020项，自主培育新品种48个、研发新技术85项，培训高素质农民30万人次，全市以明星、天宝等为代表的一二三产业融合园区50余个，有效拓宽了乡村振兴新路径。

四、启示启发

通过10年的实践，安康市认为，高质量建设现代农业园区是实施乡村振兴战略的重要抓手，是深化农业农村改革的关键举措，是探索农民持续增收机制的重要平台。在建设过程中，要聚集人、地、钱"三大要素"，健全产业体系、生产体系、经营体系"三大体系"，完善产业链、价值链、利益链"三大链条"，做强一产、做优二产、做活三产"三大产业"，才能破解当前发展阶段存在的困境，实现园区科学持续高质量发展。

（一）坚持产业为基，破解"只见树木、不见森林"难题

一业兴，百业旺。产业是园区建设的内核，要把培育主导产业放在园区建设的首要位置，立足资源禀赋，扭住"特色产业"关键，突出"建基地、创品牌、深加工、促融合"四大重点，延伸产业链打造产业集群，构建现代农业产业体系。

（二）坚持主体为要，破解"如何来地、怎么种地"难题

主体活，园区兴。现代农业园区建设是深化农村改革的前沿阵地，要扎实推进各项农村改革，盘活"沉睡""零星"土地；同时要创新农业经营体制机制，培育"新农人"，壮大园区建设主体，大力推进农业经营

体系现代化，激发园区发展活力和动力。

（三）坚持创新为本，破解"谁来投资、怎么投资"问题

园区要发展，仅靠财政单一投入，举步维艰。要充分发挥财政资金的"杠杆"作用，撬动更多工商资本、金融资本投入园区建设，实现市场化运作，构建"政府投入为引导，企业投入和社会融资为主体"的多元化投入机制，汇聚资金支持园区建设。

（四）坚持科技为先，破解"支撑不强、生产不绿"难题

科技是园区创新发展的动力源泉。要把强化科技贯穿园区建设的始终，重点抓设施农业、标准化生产和产学研对接，向科技创新要效益、要示范带动力，着力构建园区"一体化"科技与人才支撑体系。

（五）坚持保障为重，破解"思路不清、方向不明"难题

园区建设是一项复杂的系统工程，要建立健全组织保障、政策扶持保障、工作保障等系列统筹协调机制，加大统筹推进力度，形成层级分明、权责一致、目标统一、上下协调的工作氛围，进一步增强园区建设的活力。

（任岩　崔世伟　徐明妍）